Tempi moderni

Roma, polvere di stelle

La speranza fallita e le idee
per uscire dal declino

di
Paolo Berdini

© 2018 **Edizioni Alegre** - Soc. cooperativa giornalistica
Circonvallazione Casilina, 72/74 - 00176 Roma
e-mail: redazione@edizionialegre.it
sito: **www.edizionialegre.it**

Indice

La scuola del gesuita.
A Paolo Tufari

Paolo Tufari è stato docente universitario e un grande intellettuale. Gesuita, compagno di corso e amico di una vita con il cardinal Carlo Maria Martini, aveva perfezionato i suoi studi a Cambridge. Professore di sociologia della cultura all'università Gregoriana, pagò un prezzo altissimo per difendere la propria coerenza: nel 1970 in piena discussione parlamentare per l'approvazione della legge sul divorzio, segnata da una netta separazione tra il pensiero laico e quello cattolico, si era pubblicamente espresso per la legittimità da parte del Parlamento di approvare una legge su un tema così sensibile. Aveva quarantadue anni e nel giro di poco tempo fu costretto a lasciare l'insegnamento.

Iniziò un'altra fase della vita alla guida dell'Irses, Istituto di ricerche sociali, in contatto fraterno con don Luigi Di Liegro che lo aveva ospitato in un piccolo alloggio a piazza Poli e con cui collaborò fattivamente fino alla sua scomparsa avvenuta nel 1997. Quell'alloggio silenzioso nel centro di Roma è stato il suo eremo laico per decenni. Lì continuava approfondimenti e riflessioni. In quel periodo avevo lo studio a pochi passi dalla sua abitazione e grazie all'amicizia con Di Liegro i nostri incontri furono frequenti. Con il pretesto di un buon caffè, le nostre discussioni si svolgevano lungo vicoli ormai privi di abitanti e assaltati dal turismo di massa. Ho avuto il privilegio di avere il suo aiuto nel costruire i contenuti dei libri che ho fin qui pubblicato. I suoi preziosi suggerimenti, lo stimolo a ricercare sempre ulteriori relazioni e complessità nella città, hanno fatto parte della mia vita per molti anni.

Dopo la scomparsa di Di Liegro scelse di abbandonare quel centro storico "senza più persone" per trasferirsi al Tiburtino dove da anni animava l'attività della fondazione Maurizio Polverari e collaborava con padre Pio Parisi nell'opera di formazione dei giovani universitari. Felice per la mia nomina ad assessore all'urbanistica di Roma, non ci rimase il tempo sufficiente per commentare le mie dimissioni e per discutere i contenuti del nuovo libro. Il 25 marzo 2017 si è spento nella sua casa.

Questo libro nasce senza il suo contributo di idee, senza le discussioni appassionate e colte che mi dedicava con generosità. Senza le prospettive di complessità che sapeva trovare in ogni questione che affrontava. Nello scrivere queste pagine mi è mancato il suo rigore affettuoso, la sua impagabile ironia partenopea e il pudore della sua riservatezza. Non mi aveva ad esempio mai confidato la sua vicenda lontana e lo seppi fin dal primo momento, a patto di mantenere la riservatezza, da Luigi Di Liegro. Un esempio di vita.

Roma, polvere di stelle

Premesse

La città degli ultimi

All'alba di sabato 19 agosto 2017 in una città deserta viene sgomberato il palazzo ex Federconsorzi nella centralissima piazza Indipendenza, occupato da anni da rifugiati eritrei e del Corno d'Africa. La loro storia era giunta all'opinione pubblica poiché arrivati a Lampedusa proprio nei giorni dei tragici naufragi che inghiottirono migliaia di disperati in fuga da guerre, carestie e dittature. Papa Francesco effettuò la sua prima visita fuori dei confini del Vaticano proprio a Lampedusa, l'8 luglio 2013, e in quell'occasione parlò, per la prima volta da pontefice, della «cultura dello scarto» che sta facendo precipitare milioni di persone in condizioni che richiamano una schiavitù che sembrava dimenticata.

Il Corno d'Africa è una delle zone più povere del mondo. È attraversato da decenni da sanguinose guerre e governato da regimi dittatoriali. Gli oltre seicento profughi avevano occupato il palazzo dall'ottobre 2013. Quattro anni di un'occupazione pacifica, che non aveva mai provocato il minimo incidente con i residenti e con chi lavora nella zona, erano un tempo sufficiente per trovare una soluzione alternativa. Seicento persone non sono molte anche per una città che ha liste di attesa per un alloggio popolare di circa diecimila famiglie e che da troppi anni non costruisce case pubbliche. Ma si trattava della categoria dei rifugiati, e cioè di persone che devono essere accolte in base ai principi del diritto internazionale.

Nel giorno dello sgombero e nella settimana successiva, in cui chi si era accampato nei giardini di piazza Indipendenza fu scacciato con gli idranti, non c'è stato nessun esponente dell'amministrazione comunale. Il sindaco Raggi o il suo vice Bergamo non hanno avuto la sensibilità di farsi vedere, di testimoniare solidarietà, di cercare soluzioni alternative specie per le famiglie con bambini piccoli. Il violento sgombero ha fatto il giro del mondo e se ne sono occupate tutte le associazioni laiche e religiose che si interessano di immigrazione, dall'Unicef a Pax Christi. Tutti i giornali si sono chiesti dove fosse finita la cultura dell'accoglienza, tratto caratteristico della storia italiana. È una questione di enorme rilievo culturale che attiene al significato stesso della città: se cioè possa continuare a esistere la possibilità di costruire città accoglienti e inclusive che rispettino i diritti di tutti e in particolare dei più deboli, o se siamo ormai giunti su un altro crinale della storia in cui le città sono lasciate al gioco esclusivo degli interessi economici dominanti che non mettono in conto solidarietà e coesione sociale.

Gli sgomberati di piazza Indipendenza svanirono nel buco nero delle tante occupazioni esistenti in una città immensa. In tanti anni di declino dell'azione dei partiti politici, una parte dello schieramento sociale ha dato rappresentanza e visibilità a un mondo altrimenti sconosciuto. A Roma si contano un centinaio di occupazioni di immobili pubblici o privati, ubicati in centro o in periferia. La comunità di piazza Indipendenza si è dispersa dunque in silenzio in queste occupazioni, nell'indifferenza delle istituzioni e di una città disincantata.

Pochi giorni prima, il 10 agosto, c'era stato lo sgombero di via Monfortani, periferia est, palazzo di proprietà Inps abbandonato da anni. Uno sgombero inutile e insensato come quello di piazza Indipendenza. Anche in questo caso famiglie di immigrati che vivono ai margini della città. I pochi che lavorano svolgono attività precarie. Giornate di lavoro in edilizia o nelle cucine dei ristoranti per gli uomini. Collaborazioni domestiche per le donne. Poveri, non disperati. Anche in questo caso decine di bambini integrati nelle scuole, frequentate regolarmente.

Un centinaio di loro, grazie alla solidarietà dimostrata da un frate francescano, fratel Angelo Stoia, custode del monastero dei Santi Apostoli in pieno centro, viene accolto nel portico della basilica. Entrando in chiesa si vede una tendopoli ordinata vigilata dai due splendidi leoni stilofori guardiani dell'edificio di culto. Le scorribande dei tricicli dei bambini sono tenute d'occhio da Girolamo Frescobaldi. Passandoci in mezzo viene in mente tutta la banale retorica sulla grande bellezza che ha inutilmente tenuto banco per mesi. Ai Santi Apostoli la bellezza sublime convive con condizioni di vita inaccettabili per un paese civile. Ma nessuno ne parla.

A due passi dal Campidoglio a pochi metri dalla prefettura, immersi in un tessuto urbano dove gli immobili si acquistano al di sopra di diecimila euro a metro quadrato, questi cento cittadini romani e del mondo "abitano" dentro il portico disegnato nella seconda metà del Quattrocento da Baccio Pontelli. La mattina escono presto per accompagnare i bambini nelle scuole ormai lontane e per andare al lavoro. Poi dormono in tenda, e d'inverno non è facile per nessuno. Tantomeno per i bambini. Ma la grande bellezza, quella vera fatta di gente in carne e ossa, non interessa più, non fa notizia. Molto meglio cimentarsi nel vuoto pneumatico di concetti astratti che non toccano il cuore della vita delle persone. O ancora meglio aggrapparsi a *fake news* costruite a tavolino come l'odiosa quanto falsa denuncia del racket dei posti letto a piazza Indipendenza controllato dagli stessi immigrati.

Anche in questo caso ci si poteva aspettare un segnale di attenzione dal vicino colle del Campidoglio. Invece per i senza casa dei Santi Apostoli, nel migliore dei casi, silenzio e indifferenza. Rossella Marchini e Antonello Sotgia, inesauribili cantori della città degli esclusi, hanno fotografato in anteprima i moduli Ikea che avrebbero dovuto ospitare, secondo la cultura egemone nel "cerchio magico" del sindaco Raggi, i senza casa.[1]

1 Il 14 dicembre 2017 Antonello Sotgia è prematuramente scomparso. La denuncia della messa in opera dei moduli Ikea è comparsa sul sito *Dinamopress* con cui Marchini e Sotgia collaboravano. A novembre era uscito il loro libro *Roma, alla conquista del west. Dalla fornace al mattone finanziario*, DeriveApprodi, Roma 2017.

17

Ma nessuno ha accettato questa alternativa che avrebbe comportato lo smembramento del proprio nucleo familiare.

Ciò che si è spezzato è il filo di cultura critica e solidale che in questi anni aveva tentato invano di denunciare la cieca crudeltà dell'assenza di politiche abitative pubbliche. Nel 2015, prima di dimettersi sotto il peso di costosi orologi arrivati da qualche generoso babbo natale, il ministro Maurizio Lupi (governo Renzi) aveva fatto approvare un provvedimento legislativo che, nell'articolo più odioso, affermava che tutti gli occupanti di immobili, a prescindere dalla condizione di bisogno o di difficoltà, non avrebbero potuto ottenere la residenza, e imponeva alle società erogatrici di servizi l'obbligo del distacco delle utenze di tutte quelle occupazioni. Non c'era stato modo di far comprendere la mostruosità giuridica di tale impostazione. E il generoso regalo alla grande proprietà immobiliare da parte del legislatore ha funzionato: il palazzo di via Monfortani è stato sgomberato dopo alcuni giorni in cui erano state staccate acqua e luce. Famiglie povere senza altra prospettiva di vita, costrette a occupare immobili fatiscenti e talvolta invivibili, hanno quale unica risposta istituzionale il diniego della residenza. E senza residenza non si hanno diritti. Non si possono neppure mandare i figli a scuola. Nel dicembre 2017 il gruppo dei giuristi che ruota intorno alla associazione Attuare la Costituzione, fondata da Paolo Maddalena, vice presidente emerito della Corte costituzionale, ha impugnato l'articolo presso la Corte, argomentando che la residenza fa parte dei diritti inalienabili di ciascuno e non può essere negata sulla base delle caratteristiche soggettive dei cittadini.[2]

---

2   La legge impugnata è la n. 80 del 2014. All'articolo 5 recita testualmente: «chiunque occupa abusivamente un immobile senza titolo non può chiedere la residenza né l'allacciamento ai pubblici servizi». Attuare la Costituzione è un'associazione culturale fondata da Paolo Maddalena nel 2016. L'impegno profuso nei mesi del confronto elettorale sulla riforma Renzi-Boschi lo ha convinto ancora di più che siano ormai maturi i tempi per ottenere la piena attuazione dei principi costituzionali rimasti ancora lettera morta. *Cfr.* www.attuarelacostituzione.it.

L'involuzione culturale è andata purtroppo ancora avanti. Per volontà del ministro dell'interno Marco Minniti è stata approvata la legge 18 aprile 2017, n. 48, che reca norme in materia di sicurezza delle città, e affida ai sindaci la possibilità di emettere ordinanze per «superare situazioni di grave incuria o degrado del territorio, dell'ambiente e del patrimonio culturale o di pregiudizio del decoro e della vivibilità urbana». Durante le festività di Natale, il sindaco di Lecco ha emesso un'ordinanza che ha impedito alle associazioni di volontariato di distribuire pasti caldi ai senza tetto che dormono per strada. Le città sprofondano nel degrado e i colpevoli sono i barboni e gli immigrati.

A dominare sono le culture di governo incapaci di affrontare una questione epocale come quella dell'immigrazione, e le lobby che condizionano gli atti di governo. Basti pensare, ad esempio, che la grande proprietà immobiliare beneficia di un indegno privilegio: sono esenti dal pagamento delle tasse sugli immobili nuovi ancora invenduti. A Roma si costruiscono ogni anno circa diecimila alloggi che vanno a incrementare il numero dell'invenduto. Degli oltre centomila alloggi totali vuoti, quelli esenti dalla tassazione sono almeno cinquantamila: un regalo che vale intorno ai cinquanta milioni ogni anno. In dieci anni le casse dello Stato e quelle comunali hanno regalato ai proprietari immobiliari cinquecento milioni. La forbice sociale si allarga sempre più e chi è più ricco è esentato dal pagamento delle imposte che tutti gli altri pagano.

Un paese ricco di storia e cultura urbana come nessun altro ha dunque deliberatamente chiuso con la concezione della città accogliente e inclusiva. L'istituzione del comparto delle case popolari non è un prodotto dell'ideologia collettivistica. Fu Luigi Luzzatti, colto e geniale esponente della destra storica italiana, a portare in approvazione nel 1903 la legge istitutiva delle case popolari.[3] Economista e giurista, aveva fondato nel 1865 la Banca Popolare di Milano ed era di cultura liberale.

---

3   Legge n. 251 del 31 maggio 1903.

Era solo spinto da un sentimento inclusivo verso le famiglie più povere. Nelle relazioni di accompagnamento alla legge consultabili in Parlamento, si scaglia con grande forza contro la speculazione fondiaria e immobiliare e afferma solennemente che è dovere dello Stato aiutare le famiglie più povere fornendogli un'abitazione. Negli ultimi tre decenni si è prodotto ciò che non era riuscito neppure al ventennio fascista: lo smantellamento della concezione dello Stato liberale con la formazione di una nuova leva di amministratori della cosa pubblica sordi a ogni richiamo solidaristico.

Del resto, per rimanere nella sfera di esempi luminosi nella conduzione della cosa pubblica, è indispensabile citare l'opera di Giorgio La Pira che, in un momento molto critico per la città di Firenze, arrivò alla requisizione temporanea degli alloggi vuoti perché, affermava, «tutte le persone hanno diritto ad avere un tetto». E pagò con la progressiva emarginazione politica quel gesto di fraterna solidarietà. Impossibile poi non nominare, in questa breve sintesi, Adriano Olivetti che contribuì molto all'affermazione di una cultura urbana comunitaria. Insomma, cultura liberale, cattolica e socialista convergevano verso un'idea di città che garantiva diritti a tutte le categorie sociali. Ma quel pensiero complesso di figure di rilievo è stato sostituito dal pensiero unico della finanza globalizzata, i cui esponenti di punta, a sentire le statistiche pubblicate durante il fiera del libro di Francoforte nel 2015, in un intero anno non leggono neppure un libro.

La deriva economicista si è affermata a Roma come in tutte le altre città italiane a partire dagli anni Novanta e da allora non c'è più spazio per l'inclusione sociale.[4] Durante gli anni del trionfo del mercato edilizio il sindaco Veltroni rispose con indifferenza a una denuncia del gruppo guidato da don Roberto Sardelli che chiedeva maggiore attenzione verso le periferie

---

4   Lo studio più organico in merito è *Viaggio in Italia. Le città nel trentennio neoliberista*, a cura di Piero Bevilacqua e Ilaria Agostini, che raccoglie saggi critici sulle trasformazioni urbane delle più importanti città italiane (manifestolibri, Roma 2016).

abbandonate.[5] Sotto la guida di Alemanno tutte le attenzioni di governo urbano furono indirizzate verso la valorizzazione fondiaria anche nell'agro romano. E infine, l'amministrazione di Ignazio Marino decise di mettere a reddito tutto il patrimonio immobiliare pubblico utilizzato dall'associazionismo e dal volontariato, cui venivano fino ad allora applicati canoni locativi moderati che tenevano conto della funzione sociale svolta, imponendo nuovi affitti calcolati sulla base dei parametri di mercato. Pretendendo tra l'altro quei canoni già insostenibili anche per gli anni arretrati, fino ad arrivare a debiti di centinaia di migliaia di euro. Nessuna delle associazioni è ovviamente in grado di corrispondere tali richieste ed è iniziata una fase di tensione sociale per i possibili sgomberi coatti dei morosi.

Le città sono ridotte a deserti sociali dove solo l'economia detta tempi e modi della vita urbana. Così, mentre c'è chi dorme all'aperto, un articolo patinato ci informa che nella ristrutturazione della casa madre Fendi, le pareti sono state rivestite di pelliccia.[6] "Libera iniziativa privata", diranno i sostenitori del mercato senza regole, e nel caso specifico nulla da obiettare. Il problema è che le pubbliche amministrazioni aiutano questa deriva. Basti pensare, ad esempio, che le giunte di centrosinistra hanno venduto ai privati un edificio storico prospiciente la chiesa di San Giorgio al Velabro fino ad allora abitato da normali famiglie di lavoratori capitolini. L'immobile è stato liberato per diventare un altro atelier del gruppo Fendi. Pubblico e privato collaborano per cancellare la polis.

---

5   Roberto Sardelli, "Per continuare a non tacere", Roma 2007. Negli anni Settanta don Roberto Sardelli era andato a condividere la vita dei baraccati dell'acquedotto Felice e aveva fondato sul modello di don Lorenzo Milani la Scuola 725, dal numero civico che gli stessi abitanti avevano attribuito alla baracca-scuola. Con la lettera collettiva "Non tacere" inviata al sindaco di Roma nel settembre 1969 contribuì a creare le condizioni culturali e politiche per la soluzione del problema delle baracche. "Non tacere" verrà pubblicata nel 1971 per i tipi della Libreria Editrice Fiorentina. *Cfr.* anche Roberto Sardelli, *Vita di borgata. Storia di una nuova umanità tra le baracche dell'acquedotto Felice a Roma*, Kurumuny, Martano 2013.

6   "Pareti di pelliccia e sushi d'autore. Nel cuore di Roma riapre i battenti il palazzo Fendi, una terrazza affacciata sul made in Italy", in *Sette - Corriere della sera*, 11-18 marzo 2016.

La legalità e il degrado della città privatizzata

Virginia Raggi ha raccolto consensi elettorali – specie nelle periferie più abbandonate – perché aveva dato la speranza di contrastare questa cultura. Aveva inserito nel programma elettorale l'impegno a trovare una soluzione equa per le associazioni minacciate da sgomberi e per le decine e decine di occupazioni abitative in atto da anni a Roma. Dava insomma la speranza di un'inversione di tendenza. Poi invece il sindaco è stato assente da piazza Indipendenza, dal portico dei Santi Apostoli e da tutti gli altri sgomberi eseguiti sotto la sua amministrazione. Anzi è iniziata una serie di sgomberi a catena per i rifugiati nel centro Baobab, storico luogo di accoglienza a due passi dalla stazione Tiburtina.

Nel mese di febbraio 2017 il Rialto, edificio comunale nel Ghetto, abbandonato da anni e occupato dai movimenti per l'acqua pubblica del referendum del 2011, è stato sgomberato e sigillato dal Comune di Roma. Alla fine del mese di novembre è stato il turno di una delle esperienze più note in Italia e nel mondo, la Casa delle donne, ospitata da decenni nell'ex convento del Buon pastore a Trastevere. Un'istituzione preziosa che da anni forma coscienze, produce cultura e svolge attività di supplenza delle istituzioni pubbliche assenti per l'accoglienza e la tutela delle donne oggetto di violenza. Il Comune di Roma, anche in questo caso proprietario dell'immobile, ha inviato l'avviso di sfratto esecutivo all'associazione a meno che non paghi un esorbitante canone anche per i decenni passati. Senza alcun ragionamento sul ruolo di associazioni come questa, si agisce solo come un freddo ragioniere che calcola il reddito teorico che potrebbe essere intascato mettendo a reddito l'immobile.

Per nascondere questa rottura con la spinta che aveva contribuito alla vittoria elettorale, il Movimento Cinque stelle utilizza un comodo schermo ideologico: la difesa della "legalità", un simulacro su cui a quanto pare si può sacrificare la cultura dell'accoglienza e della tolleranza.

Per me la legalità era una delle sfide di maggior interesse per costruire una città capace di chiudere con i decenni del malaffare. Sono stato anzi l'unico assessore a iniziare il programma di lavoro della nuova amministrazione con il capitolo "Ripristino della legalità",[7] perché conoscevo bene il baratro in cui la politica affaristica aveva trascinato la capitale soprattutto nel settore delle politiche urbane. Ma non ho mai pensato che il ripristino della legalità potesse avvenire a scapito della giustizia sociale e di una concezione solidale della città. È questione antica. Quando nel 1974 si svolse il convegno "Sui mali di Roma" organizzato dal vicariato di Roma e dalla comunità cattolica romana, la scelta del titolo del convegno fu tema molto dibattuto tra gli organizzatori e solo dopo approfondite discussioni prevalse l'opzione sostenuta tra gli altri da don Luigi Di Liegro di inserire il sostantivo "giustizia" prima di "carità". Prima degli interventi caritativi veniva l'esigenza di ripristinare la giustizia sociale verso gli ultimi e le periferie.

Conoscevo sei capitoli dell'illegalità. Il primo, quello più importante per il degrado urbano che causa, riguarda le tante convezioni nate nel momento più alto della contrattazione urbanistica. Sono decine le importanti opere pubbliche previste nei protocolli sottoscritti con gli operatori che non sono state ancora realizzate a fronte del completamento di tutte le opere private. Il secondo riguarda il segmento dell'edilizia residenziale pubblica piegato da un ristretto cartello di imprese e cooperative a un impressionante capitolo di malaffare. Grazie alla magistratura inquirente è venuta a galla la vicenda, e si calcolano almeno tre miliardi di euro andati a ingrossare le fortune degli operatori a scapito di oneste famiglie e del Comune di Roma. Il terzo capitolo dell'illegalità è invece una peculiarità della capitale. Negli anni Novanta, nel pieno della cultura privatizzatrice, fu costruito un mostro giuridico grazie al

---

7 *Cfr.* "Linee programmatiche della Sindaca Virginia Raggi per il mandato amministrativo 2016-2021", deliberazione di giunta comunale n. 2 del 21 luglio 2016 ratificata dal Consiglio comunale.

quale aree pubbliche vennero affidate all'iniziativa privata che avrebbe realizzato i servizi e il verde che mancavano. Nascevano i "Punti verde qualità". A distanza di vent'anni dall'inizio di questa procedura poche aree sono state completate regolarmente, su altre sono stati costruiti anche supermercati o ristoranti, che con il verde e i servizi pubblici poco hanno a che fare. Per colmo della vergognosa vicenda, il Comune di Roma ha garantito le fidejussioni per l'erogazione dei mutui bancari ai privati. Il quarto capitolo riguarda l'aberrante affidamento ai consorzi di lottizzanti responsabili la costruzione di interi quartieri abusivi per il recupero delle medesime lottizzazioni. Il quinto è la realizzazione di parcheggi dentro la città consolidata e storica. E infine il sesto è la manutenzione che non c'è più, la città che diventa giorno dopo giorno un pericoloso colabrodo di buche e di pericoli a causa della mancanza di risorse.

Uscire dalla cultura della "zona grigia" che ha poi generato Mafia capitale non era impresa facile. Le radici dei mali di Roma vengono da lontano e si illudono tutti coloro che hanno tentato di far ricadere i guasti scoperchiati dall'inchiesta "Mondo di mezzo" solo sulle spalle di qualche corrotto. Purtroppo non è così, e il solo modo per far ripartire la capitale in declino è proprio fare i conti con il malaffare che si è incistato a Roma. Nei primi due capitoli di questo libro proverò a delinearne una breve sintesi. La prima fase riguarda il caso della Società generale immobiliare e del ruolo che ebbe Michele Sindona fino alla cancellazione dell'urbanistica in Italia. La seconda fase riguarda l'appropriazione della cosa pubblica da parte del malaffare. Complice il governo delle destre e l'inesistenza di regole trasparenti, la città è stata divorata da un sistema mafioso potente e ramificato.

Ma per tornare all'illegalità, nel marzo 2016, dopo una lunga anticamera, il coordinamento Salviamo il paesaggio, con Cristina Mancinelli Scotti, portò al prefetto Tronca una proposta di istituzione di una commissione di inchiesta indipendente sul malaffare urbanistico che aveva dominato i due decenni precedenti. Il documento affermava:

Finora i casi di malgoverno e ruberie in materia urbanistica sono stati scoperchiati dalla magistratura inquirente. Crediamo che sia doveroso nei confronti del popolo sovrano aprire la fase di lavoro di una commissione indipendente d'inchiesta sull'urbanistica romana che rediga l'elenco sistematico delle inadempienze e dei casi di violazione delle norme di legge, analizzi le cause strutturali che hanno alimentato il malgoverno e proponga al paese intero la strada legislativa per riportare la legalità a Roma. Democrazia significa riportare le decisioni di assetto della città nelle mani della collettività così da evitare nel futuro che la stragrande maggioranza della popolazione debba farsi carico di ripianare un indebitamento causato da gestioni amministrative poco rigorose e spesso fraudolente. Riportare la città alla legalità è stato l'obiettivo che il commissario prefettizio Tronca ha fin qui perseguito. Crediamo che questa azione di rigoroso ritorno alla legalità debba interessare anche il principale capitolo del malgoverno romano: quello urbanistico.[8]

Il sub commissario che ci ricevette, pur anticipando che sarebbero mancati i tempi per la sua istituzione, condivise le nostre argomentazioni. Conoscevo dunque bene la sfida per il ripristino della legalità e agli inizi di luglio 2016, quando mi insediai come assessore, c'erano tutte le condizioni per avviare il cambiamento del governo della città a partire dal compimento del lavoro iniziato dal commissario prefettizio. Con l'azione di governo intrapresa da Paolo Tronca a seguito delle dimissioni di Ignazio Marino era iniziato un lavoro sistematico di disboscamento delle diffuse opacità e illegalità procedurali con cui si era convissuto per decenni. Era evidente che la giunta Raggi avrebbe dovuto continuare su quella stessa linea culturale con il vigore derivato dal mandato popolare ottenuto con la schiacciante vittoria elettorale.

Erano due gli esponenti del team del prefetto Tronca che rappresentavano il passaggio di testimone verso la nuova

8   Salviamo il paesaggio, "Richiesta di commissione d'inchiesta sull'urbanistica romana", Roma 30 marzo 2016.

amministrazione: la prima era Carla Romana Raineri, magistrato della Corte di cassazione di Milano. Il secondo, che doveva affrontare la decisiva questione del debito, era Marcello Minenna, stimato e affermato economista della Consob. La Raineri venne nominata capo di gabinetto, nel decisivo ruolo di garante della legittimità delle procedure; Minenna assessore al bilancio e alle società partecipate.

Il tentativo di riportare Roma entro i binari della legalità e trasparenza ha avuto però vita brevissima. Dopo due mesi, alla fine di agosto 2016 il sindaco Raggi ha provocato le dimissioni della Raineri con uno scellerato interpello sugli emolumenti del capo di gabinetto all'Autorità anticorruzione di Raffaele Cantone, scritto come noto dal suo "cerchio magico" capeggiato da Raffaele Marra.[9] Minenna si dimette il giorno successivo a causa di questo gesto irresponsabile. Da allora, la giunta Cinque stelle non ha ritenuto necessario trovare un altro nome di pari autorevolezza in grado di garantire il corretto funzionamento amministrativo e Roma è ancora priva della figura del capo di gabinetto. Un caso unico nel panorama delle grandi città.

La discontinuità più grave causata dalla cesura dell'agosto 2016 ha riguardato la realizzazione di case da destinare all'emergenza abitativa. Franco Gabrielli, oggi capo della polizia di Stato, quando ricoprì il ruolo di prefetto di Roma ebbe la sensibilità e la capacità di contribuire allo sblocco dello stanziamento di una cospicua somma, 192 milioni, sul bilancio della Regione Lazio per governare le situazioni abitative emergenziali. Quei soldi sono ancora lì dal 2014 e il Comune di Roma non ha speso un euro delle somme messe nelle disponibilità dalla Regione.

La continuità con l'azione dei prefetti è stata così interrotta. Ricostruire la legalità rappresentava una sfida decisiva e da

---

9   L'interpello fu giustificato con la cultura del "rigore", dato che lo stipendio del magistrato sembrava troppo elevato per gli standard del Comune. La Raineri manteneva lo stipendio che aveva in precedenza come magistrato. Nel successivo mese di settembre la Corte dei conti, l'unica istituzione competente a esprimersi in merito, avrebbe confermato la legittimità dell'emolumento.

Roma poteva partire un grande segnale di novità per l'intero paese. Ma così non è stato.

Sei sindaci, oltre Virginia Raggi

Il 30 agosto 2016, con le dimissioni della Raineri, l'esperimento della giunta civica e indipendente dagli eterni poteri che dominano Roma, è stato dunque deliberatamente interrotto dallo stesso sindaco. La domanda che mi pongo è se un tale gesto, insieme incomprensibile e autolesionista, sia stato davvero frutto esclusivo di Virginia Raggi o se dietro di lei ci siano state influenze di altri poteri. Senza dubbio, nei mesi che ho passato in Campidoglio, ho visto assumere il ruolo vicario di sindaco da almeno altre sei persone.

Nei primi mesi di vita della giunta, fino al suo arresto, come noto è Raffaele Marra a svolgere le funzioni di orientamento dell'azione del sindaco. Ma Marra non era il solo e neppure il più importante.

Dopo una sconcertante girandola di nomi indicati per sostituire Minenna, il 9 settembre il sindaco Raggi annuncia la nomina di Raffaele De Dominicis, già procuratore generale della Corte dei conti, nome di chiara fama perché intervenuto spesso sulla situazione dei conti e degli affidamenti dei lavori della capitale. Il giorno successivo De Dominicis è costretto a dimettersi, perché indagato per un fatto trascurabile dalla magistratura. Sempre in quegli stessi giorni il quotidiano *La Repubblica* mette in pagina una sua intervista in cui afferma di non essere stato contattato dal sindaco, bensì dall'avvocato Pieremilio Sammarco, titolare di uno dei più importanti e autorevoli studi legali della capitale dove, peraltro, aveva lavorato Virginia Raggi prima della sua nomina a sindaco. Era Sammarco dunque l'altro sindaco vicario di Roma, ruolo in cui tra l'altro era molto più credibile e autorevole di Marra. Del resto, come vedremo, è di recente emerso che è stato lo stesso Sammarco, fin dal 13 agosto 2016, a suggerire al sindaco di liberarsi della Raineri e di Minenna.

Ma l'elenco dei vicari non finisce qui. Dopo la figuraccia del caso De Dominicis, la successione sembrava orientarsi verso la figura di Salvatore Tutino, magistrato della Corte dei conti, altra persona di comprovata professionalità e senso dello Stato. Ne era stata annunciata la nomina e poi misteriosamente non fu più chiamato a ricoprire quel ruolo. Nell'estate 2017 all'interno degli atti processuali che riguardano l'indagine per il reato di falso a carico del sindaco Raggi emergono alcune intercettazioni di colloqui tra i "quattro amici al bar" (Virginia Raggi, Daniele Frongia, Salvatore Romeo e Raffaele Marra, così chiamati dal nome della loro chat poi divenuta nota) in cui, il 28 settembre 2016, il sindaco comunica loro la decisione assunta in merito dal fondatore del Movimento Cinque stelle: «Beppe dice Tutankhamon [Tutino, *n.d.r.*] meglio di no. A questo punto ho finito le cartucce. Resta Ugo Marchetti».

Il comico genovese non era dunque estraneo al governo della capitale e, del resto, come vedremo, una dichiarazione sul suo blog metterà fine alla possibilità di candidatura di Roma alle Olimpiadi del 2024. Ma colpisce anche che mentre la sostituzione dell'incompetenza diffusa nel mondo dei partiti con persone preparate e capaci era stato uno dei motivi del vasto consenso a livello nazionale verso i Cinque stelle, nel momento in cui si chiede a persone di grande livello istituzionale la disponibilità ad assumere ruoli di governo, dietro le quinte si ride di loro storpiandone il nome.

Né mi diceva il cor che l'età verde
sarei dannato a consumare in questo
natio borgo selvaggio, intra una gente
zotica, vil; cui nomi strani, e spesso
argomento di riso e di trastullo,
son dottrina e saper.[10]

---

10   Giacomo Leopardi, *Le ricordanze*, Feltrinelli, Milano 2014.

Nel ruolo di sindaco vicario non poteva mancare lo studio Casaleggio e associati, importante azienda privata che nulla ha a che fare con un'associazione no profit, politica o sociale, e che pure ha un ruolo di direzione del Movimento ed è proprietario della piattaforma Rousseau, su cui si formano le decisioni del popolo grillino. A seguito delle dimissioni di Minenna, l'assessorato all'economia e alle società partecipate viene scisso e il governo delle aziende municipalizzate viene affidato a Massimo Colomban, imprenditore molto vicino proprio a Casaleggio.

A dicembre anche l'astro nascente dei Cinque stelle a livello nazionale, Luigi Di Maio, "prende posto" sullo scranno più alto dell'aula Giulio Cesare. L'arresto di Marra getta infatti il Movimento nel panico perché il crollo della giunta Raggi sembra ormai vicino e Di Maio impone due commissari di sua fiducia per controllare l'azione del vertice romano. Si tratta di Riccardo Fraccaro e Alfonso Bonafede, entrambi deputati al Parlamento, che dal gennaio 2017 stazionano spesso nella Sala degli arazzi per cercare di riportare ordine nella catena di comando.

E infine l'uomo della provvidenza, l'avvocato Luca Lanzalone, chiamato per gestire la mediazione con l'As Roma e permettere l'approvazione dello stadio mettendo così fine alla mia esperienza di assessore. Al suo arrivo gira la notizia che abbia già incontrato a Londra il presidente della Roma, James Pallotta, e un alto dirigente della società. Non so se la notizia fosse o meno vera. Per certo so che dopo aver brillantemente sciolto il nodo della realizzazione dello stadio, consentendo alla Roma di raddoppiare le volumetrie previste dal piano urbanistico vigente, l'avvocato è stato nominato in pochi giorni presidente della più importante società pubblica romana, l'Acea, azienda di erogazione dell'acqua e di fornitura di energia. Acea è la cassaforte della città e negli anni sta sviluppando forti interessi anche nel settore della gestione dei rifiuti urbani. Tra le società che detengono pacchetti azionari ci sono la multinazionale francese Suez e il gruppo Caltagirone. Uno snodo fondamentale del potere romano e nazionale. Il 20 dicembre 2017 *La Repubblica* anticipa la notizia che, sotto la regia di Lanzalone, Acea avrebbe intavolato una trattativa con James Pallotta, con due obiettivi: il primo relativo all'acquisto da parte di Acea dell'immagine del nuovo stadio che – nel caso andasse in porto – costerebbe alla casse pubbliche dieci milioni di euro; il secondo aspetto della trattativa è relativo all'acquisto da parte di Acea di una parte degli immobili da realizzare intorno allo stadio per trasferirci la sede storica. È Lanzalone il sesto sindaco vicario di Roma.

Lo stadio della Roma e chi comanda in città

Tre dei sei sindaci supplenti sono espressione del Movimento Cinque stelle. Grillo, Casaleggio e Di Maio sono infatti i punti di riferimento del raggruppamento ed è legittimo che su temi di grande strategia ci fosse il loro contributo. Sono gli altri tre sindaci a rappresentare il ribaltamento delle posizioni con cui i Cinque stelle avevano vinto le elezioni.

Io avevo accettato la proposta di nomina proprio per la sintonia programmatica con quanto proposto in campagna elettorale, e il mio profilo era noto a tutti. Sostengo da sempre che l'urbanistica debba servire a risolvere i problemi di vivibilità urbana a favore della parte più debole della società. Quando mi proposero l'incarico chiesi che ci fosse un impegno chiaro contro gli sfratti incolpevoli e contro gli sgomberi delle occupazioni che punteggiano la città. Posi poi la questione fondamentale: per salvare Roma occorreva concentrarsi nel completare la città abbandonata (ne vedremo l'elenco al capitolo tre) e nel richiedere il rispetto delle convenzioni ancora aperte. Bisognava insomma passare dall'urbanistica privata al governo pubblico della città e alla difesa dei beni comuni.

Mi sono trovato invece a dipendere dal sindaco vicario Marra, arrivato al Campidoglio con Gianni Alemanno e poi protagonista di una carriera brillante. Uno di quei personaggi che superano velocemente tutte le tappe della gerarchia amministrativa mentre ottimi dirigenti di carriera interna non possono raggiungere gli stessi traguardi perché privi di rapporti diretti con i decisori politici. Marra aveva diretto anche il settore della casa e iniziò lì a orientarsi nel mondo delle proprietà immobiliari che affittano al Comune immobili per tamponare e perpetuare l'emergenza abitativa. Un fiume di soldi, circa quarantatré milioni all'anno, che sacrifichiamo sull'altare della proprietà immobiliare.

Mi sono trovato poi a dipendere dal sindaco vicario Sammarco, titolare di un importante studio legale. Il legame tra la grande proprietà immobiliare, così importante a Roma, e il pensiero giuridico conservatore capitolino trovò massima espressione in un ricorso contro le norme che governavano l'esproprio nel nostro paese, redatto da un autorevole studio legale romano nella seconda metà degli anni Settanta, quando Sammarco frequentava la scuola dell'obbligo. Con la sentenza n. 5/1980 la Corte costituzionale ha posto fine all'urbanistica pubblica aprendo il vaso di Pandora che ha devastato le città d'Italia. Insomma, ero stato chiamato per ripristinare l'urbanistica pubblica e mi ritrovavo condizionato proprio da quello stesso mondo culturale conservatore che l'aveva distrutta nel nostro paese.

Delle mie regole di ingaggio faceva infine parte anche il paragrafo "Stadio della Roma". Avevo conosciuto il gruppo di opposizione capitolina dei Cinque stelle proprio sulla questione della speculazione di Tor di Valle, quando chiesero il mio aiuto per precisare i punti deboli della proposta e poi decisero di denunciare la questione alla magistratura. Ma è proprio per questa vicenda che arriva il terzo sindaco vicario estraneo al Movimento. È un personaggio importante, l'avvocato Lanzalone. Nel 2005, a trentasei anni, quando esplode uno dei primi scandali delle banche, viene chiamato a far parte del collegio difensivo della Banca di Lodi che era sotto la guida di Giampiero Fiorani. È titolare di un importante studio legale che ha sede principale a Genova e filiali a Londra, New York e Miami. Il sesto sindaco vicario ha dunque legami con quel mondo finanziario globalizzato insofferente a ogni tentativo di regolare il governo urbano, ed è stato chiamato per contrastare un sostenitore della cultura dell'uguaglianza. Gli impegni presi davanti agli elettori sono stati stracciati utilizzando un grande esperto di banche. L'urbanista non serve più se si decide di stringere accordi con il mondo finanziario.

Scrive Paolo Mondani, tra i più autorevoli giornalisti d'inchiesta italiani:

> Sono i debiti di Parsitalia e della As Roma verso Unicredit ad aver guidato la folle scelta di Tor di Valle. [...] Riassumendo: la Roma è di Pallotta, ma Pallotta vuol dire Unicredit. E tra i finanziatori dello stadio, alla cui ricerca si sono messi Goldman, Sachs e Rothschild (Goldman ha sborsato trenta milioni per la progettazione e alla Roma qualcuno sembra immaginare un ruolo più grande per la banca americana) ci sarebbe proprio Unicredit. Per ora sono solo voci di mercato, ma consistenti.[11]

E mentre assistiamo alla cortina fumogena basata sulle dichiarazioni del gruppo dirigente Cinque stelle contro il sistema finanziario, a Roma viene approvato contro ogni logica un progetto costruito su misura degli interessi del mondo finanziario. Ma il gioco è ormai terminato. Si allarga infatti il fronte di coloro che combattono con intelligenza la finanza criminale che governa il mondo, dai movimenti locali dei paesi poveri, a intellettuali come Luciano Gallino, che ha lasciato una sterminata eredità di pensiero su questa tematica. Fino ad arrivare a papa Francesco, che in una recente intervista al direttore della rivista dei gesuiti, padre Antonio Spadaro, afferma:

> Oggi si discute tanto su come salvare le banche. Il problema è la salvezza delle banche. Ma chi salva la dignità degli uomini e delle donne oggi? La gente che va in rovina non interessa più a nessuno.[12]

---

11   Paolo Mondani, "Stadio della Roma, l'unico gol è di Unicredit", in *Valori* n. 148, maggio 2017.

12   Armando Spataro, "Diplomazia e profezia. Papa Francesco in Myanmar e Bangladesh", in *Civiltà cattolica*, n. 4020, 16 dicembre 2017.

Il governo Cinque stelle della capitale ha ribaltato in pochi mesi le posizioni con cui si era presentato alle elezioni. Molti dei consensi erano arrivati grazie a un efficace racconto mediatico che faceva della trasparenza e della democrazia le principali qualità del Movimento, in piena discontinuità con la politica tradizionale. Tre "sindaci" estranei al Movimento che dirigono la capitale d'Italia, nascosti dietro l'immagine della candidata votata dai romani, smentiscono l'idea di una giunta che rompe con il passato, visto che tutte le questioni fondamentali per la vita della città vengono prese al riparo da occhi indiscreti. Del resto un recente studio sul Movimento condotto da Nicola Biondo e Marco Canestrari, due autori che ne conoscono il funzionamento dall'interno, esprime un giudizio molto netto sull'assenza di democrazia che caratterizza i Cinque stelle.[13]

A conti fatti, in pochi mesi c'è stata la restaurazione degli eterni poteri romani e di quelli globalizzati. Il tentativo di attenuare il peso del debito che sta distruggendo Roma iniziato da Marcello Minenna attraverso la ricontrattazione con le banche creditrici è stato abbandonato. Anche per la soluzione del più grande scandalo romano, ossia la realizzazione della metro C, i Cinque stelle avevano un punto programmatico centrale nel non voler riconoscere centinaia di milioni di riserve all'impresa concessionaria e nell'impegno di discutere con la città sul tracciato migliore per concluderne il percorso. In pochi mesi sono stati riconosciuti tutti i crediti e il percorso della nuova linea finirà contro ogni logica al Colosseo. E infine, la restaurazione è stata sancita dall'approvazione del progetto dello stadio di Tor di Valle.

Questi cambiamenti iniziano a creare malumori e vistose crepe anche nel mondo delle grandi personalità che avevano salutato con favore la nascita del Movimento nella speranza di favorire il cambiamento della politica. Ferdinando Imposimato,

---

13   Nicola Biondo, Marco Canestrari, *Supernova. Com'è stato ucciso il MoVimento 5 Stelle*, Streetlib, 2017.

scomparso proprio nei giorni in cui scrivo,[14] autorevole e stimatissimo magistrato, era stato indicato dai Cinque stelle per il prestigio della sua figura quale candidato alla Presidenza della Repubblica. Imposimato è stato fin dall'inizio fiero oppositore della speculazione dello stadio e ha continuato a dare battaglia avvertendo il Movimento di non accettare alcun compromesso. Imposimato guardava in particolare con grande riprovazione al coinvolgimento di Goldman Sachs nell'operazione stadio. Secondo quanto riportato dal quotidiano finanziario *Milano Finanza*, il presidente dell'As Roma, James Pallotta, avrebbe infatti avviato una trattativa con quel gruppo finanziario per ottenere un credito per la costruzione dell'opera. Nello specifico, Pallotta vorrebbe ottenere una linea di credito di circa 300-400 milioni all'interno di un'operazione che ha un valore complessivo di 1,7 miliardi e che comprende un business park, hotel, negozi e altre attività commerciali.

Con la spinta al cambiamento del voto del 2016 il Movimento Cinque stelle poteva porsi alla testa di una rottura con il passato, indispensabile a Roma e al paese intero. Non è stato così. Non hanno retto alla sfida che li vedeva protagonisti al governo delle grandi città. Anche a Torino, al di là di una maggior capacità di Chiara Appendino, è evidente la continuità con le politiche di costruzione di centri commerciali, di licenziamento del personale comunale a causa del debito insostenibile, di privatizzazione dei servizi e degli spazi pubblici, a iniziare dalla Cavallerizza reale. La guida di due importanti città come Roma e Torino ha mostrato finora la totale assenza di quella cultura alternativa della città intesa come bene comune grazie a cui i dirigenti del Movimento avevano mietuto consensi. Del resto Grillo ha più volte pronunciato parole violente sulla questione

14 Ferdinando Imposimato è scomparso il 2 gennaio 2017. Oltre ai fondamentali volumi sulla sua esperienza nei processi più delicati dell'Italia del dopoguerra (caso Moro, scandalo alta velocità, attentato a papa Giovanni Paolo II), ci lascia l'esempio di un impegno continuo nella difesa della legalità e della Costituzione. Nella campagna elettorale per il voto sul referendum del 4 dicembre 2016 ha girato in lungo e in largo l'Italia per contribuire alla bocciatura della riforma Renzi.

immigrazione; Virginia Raggi ha chiesto al prefetto di limitare gli arrivi di immigrati a Roma per evitare "l'invasione"; il candidato premier nella sfida elettorale del 2018, Luigi Di Maio, di fronte al dramma degli ottocento rifugiati di piazza Indipendenza ha sostenuto che il sindaco avesse il dovere di pensare ai romani prima degli altri. Gli "altri" evidentemente non hanno gli stessi diritti.

Dopo il tentativo solitario di Ignazio Marino, anche le speranze legate all'esperienza di Virginia Raggi possono dirsi fallite. Compito di chi ha a cuore la città sarà quello di tentare di costruire su basi culturali e politiche più robuste il tentativo di salvare la capitale dal declino. Di «cercare ancora», come indicava Claudio Napoleoni.[15] Cercare di costruire uno schieramento culturale e politico in grado di porre la questione del governo pubblico della città al centro dell'agenda politica nazionale. Con il fallimento della cultura e delle politiche neoliberiste, le città italiane stanno andando verso il fallimento economico e la cancellazione del welfare urbano. Il solo modo per uscire dalla crisi della capitale e dell'Italia sarà dunque quello della ricostruzione del volto pubblico delle città.

Ero convinto che i Cinque stelle potessero far parte di questo schieramento politico e culturale. Durante i mesi del mio incarico cercai a più riprese di impostare una linea comune con l'amministrazione di Napoli che, grazie alla cultura della pianificazione urbana consolidata nei decenni precedenti e a quella sui beni comuni ispirata da Paolo Maddalena e Alberto Lucarelli, è divenuta con Luigi De Magistris un punto di riferimento nazionale. Ho provato a ottenere la solidarietà del Comune di Roma alla manifestazione contro il commissariamento del progetto di Bagnoli da parte del governo centrale, ma ho trovato una chiusura netta. È solo un esempio dell'arroccamento che impedisce ai Cinque stelle di partecipare a uno schieramento politico e culturale necessario alla difesa della polis. Uno

---

15 Claudio Napoleoni, *Cercate ancora. Lettera sulla laicità e ultimi scritti*, Editori Riuniti, Roma 1990.

schieramento che, oltre alle competenze, abbia ancora la capacità di sognare. Ad esempio invitando i bambini del portico dei Santi Apostoli ad affacciarsi insieme al sindaco dal balcone della torre di Niccolò V da dove si gode una vista unica sui Fori romani. Da quel balcone si è fatto invece ritrarre James Pallotta, sorridente e soddisfatto di aver portato a casa la più grande speculazione urbanistica che Roma abbia mai conosciuto.

Capitolo uno
La costruzione dell'illegalità

La Società generale immobiliare, lo Ior e Michele Sindona

Nel 2016, quando mi sono insediato come assessore, Roma aveva 13,5 miliardi di deficit consolidato. Nella storia della città ci sono stati scandali e malversazioni, ma una cifra così rilevante non si spiega soltanto con le ruberie. È il sintomo di una città che non regge, che è cresciuta troppo e male sotto il dominio della proprietà fondiaria.

Il territorio urbanizzato di Roma si estende ormai su 45mila ettari di territorio. Neppure tre milioni di abitanti, che arrivano a quattro con coloro che vengono a lavorare in città dalla cintura metropolitana, occupano un territorio sconfinato, e la crisi economica e finanziaria di Roma si spiega nella difficoltà di erogare servizi pubblici dispendiosi proprio a causa del modello insediativo che è stato realizzato. Il sistema dei trasporti pubblici e lo smaltimento dei rifiuti urbani devono raggiungere zone lontanissime nate a caso attraverso l'abusivismo o il sistema delle deroghe urbanistiche. Un'anarchia localizzativa che non può condurre a un sistema efficiente. È questa la terribile eredità che la speculazione edilizia ha lasciato alla città.[16]

---

16 La storia della costruzione di Roma capitale è riportata nel fondamentale Italo Insolera, *Roma moderna. Da Napoleone I al XXI secolo*, nuova edizione ampliata con la collaborazione di Paolo Berdini, Einaudi, Torino 2011. Al testo faccio riferimento anche per la bibliografia essenziale per l'approfondimento dei singoli periodi che per brevità è stata qui omessa.

Ma non l'unica eredità storica della città eterna. La mancanza di regole nel governo delle trasformazioni urbane è stata la causa dell'affermarsi di un sistema malavitoso che si è impadronito della gestione dei servizi urbani, della cura del verde, dell'assistenza ai rom o agli immigrati. Quello stesso sistema malavitoso si è nutrito anche di speculazione edilizia. Con i mattoni si guadagna profumatamente e se, come avviene sempre più frequentemente, si trasformano i terreni agricoli in edificabili, il guadagno diventa cento volte maggiore.

Ma il sistema malavitoso scoperchiato dall'inchiesta "Mondo di mezzo" non è nato in questi ultimi anni. Affonda le proprie radici nella storia moderna della città, nella commistione tra proprietà fondiaria e malaffare. Senza risalire agli anni delle speculazioni fondiarie compiute durante il ventennio fascista, il punto simbolico di partenza sta nella celeberrima equazione "capitale corrotta = nazione infetta", proposta nel 1956 sulle pagine dell'*Espresso* da Manlio Cancogni. Lo scrittore mise in relazione l'azione della speculazione fondiaria incarnata dalla Società generale immobiliare di proprietà del Vaticano e la corruzione diffusa, paventando anche il rischio che l'intero paese subisse quello stesso processo di involuzione. Sono anni decisivi in cui si costruiscono i cardini su cui rilanciare un paese distrutto dalla guerra. Anni in cui era ancora attivo *Il Mondo* di Mario Pannunzio con gli scritti di Antonio Cederna. L'Italia cresceva a ritmi vertiginosi e la parte migliore del paese tentava di arginare il predominio della proprietà immobiliare improduttiva. Il peso della rendita speculativa fondiaria, un evidente retaggio dell'Italia arretrata e prigioniera del latifondo dei secoli precedenti, sembrava essere finalmente limitato, analogamente agli altri paesi europei. Cancogni fu denunciato per diffamazione ma sia la sentenza di primo grado, che lo vide assolto, che quella di secondo grado in cui fu condannato, concordavano nel definire un quadro di assoluta sudditanza dell'amministrazione pubblica romana nei confronti della Società generale immobiliare. Ed è su questo fatto colpevolmente sottovalutato che è necessario riflettere, perché da lì in poi, anche in conseguenza della prematura scomparsa di Adriano Olivetti – che aveva tentato in ogni modo di contrastare il dominio della rendita in favore di una moderna visione imprenditoriale del paese – inizia uno strapotere incontrastato che arriva fino ai nostri giorni.

E proprio a Roma in quegli anni decisivi il corso della storia prende un'altra direzione. La rendita speculativa non viene vinta, il paese non prende la strada dell'economia liberale, e addirittura la criminalità mafiosa si pone al comando del comparto del mattone e del controllo delle trasformazioni urbane. La Società generale immobiliare, nata a Torino nel 1862 e attiva nella Roma capitale a partire dal 1880, entra nel pieno controllo del Vaticano nei primi anni Trenta grazie all'enorme mole di danaro pubblico ricevuto a seguito della firma dei Patti lateranensi del 1929. Italo Insolera ha delineato per primo la peculiarità di Roma, che nel proprio territorio ospita due capitali: quella dello Stato repubblicano e quella dello Stato del Vaticano, che oltre ad avere sotto la propria giurisdizione una porzione ancorché minima del territorio comunale, ha un proprio istituto finanziario privato, l'Istituto per le opere di religione, lo Ior, voluto dal pontefice Pio XII nel 1942.

Al riparo delle discrete Mura Leonine che cingono la seconda capitale, nel 1968 la Società generale immobiliare viene ceduta al controllo di Michele Sindona, di cui erano già conosciuti negli Stati Uniti i legami con Cosa Nostra. Nell'anno successivo al banchiere siciliano viene affidata la consulenza per l'attività dello Ior. Nel 1971, monsignor Paul Marcinkus diviene presidente dell'istituto finanziario vaticano. In quegli anni, in buona sostanza, si costruiscono le condizioni per la presenza a Roma di un struttura finanziaria di riferimento per i capitali di provenienza oscura e illecita, che arriverà indenne fino ai giorni nostri. Questa presenza ingombrante si salderà con la cultura dell'illegalità diffusa che inizia a mettere in crisi il governo pubblico del territorio.

A Roma, come nel sud d'Italia, dilaga la piaga dell'abusivismo edilizio, un fenomeno che ha legato gli interessi della grande proprietà immobiliare con il bisogno e la speranza per milioni di famiglie di realizzare il sogno di una casa. Lo Stato non interviene, tollera, lasciando ad altri l'occasione di saldare gli interessi della grande speculazione con gli interessi diffusi delle famiglie dei salariati. E Roma in termini quantitativi detiene in quegli anni il primato dell'abusivismo in Italia. Da questo momento in poi cambieranno protagonisti e comparse, ma il dominio malavitoso su Roma diventerà sempre più capillare.

Negli anni di piombo la Banda della Magliana si prende la città

Una nuova fase prende avvio nel 1982, quando Enrico Nicoletti, cassiere della Banda della Magliana, gruppo malavitoso con ampi rapporti con i servizi segreti deviati e con le organizzazioni eversive neofasciste, dimostra di saper influenzare lo sviluppo della città. Vende infatti alla seconda università romana, Tor Vergata, un motel nella zona della Romanina per creare la sede del rettorato, nonostante quell'ateneo avesse in proprietà, a poche centinaia di metri dal motel, oltre seicento ettari di terreni – la più estesa università italiana – destinati alla costruzione degli edifici necessari alle sue attività.

In quegli anni la città è dominata dal terrorismo nero che semina il terrore a iniziare dal 10 luglio 1976 con l'assassinio del giudice Vittorio Occorsio. Il magistrato indagava sul Sifar, sulla strage di piazza Fontana e sui rapporti tra terrorismo neofascista e massoneria. Gli assassini, appartenenti al movimento Ordine Nuovo, fuggono portandosi via la borsa con i documenti del magistrato. Un'altra esecuzione mirata è quella di Mario Amato, magistrato assassinato il 23 giugno 1980. Amato dal 1977 è sostituto procuratore presso la procura di Roma e si occupa del terrorismo nero: responsabili dell'omicidio furono i Nar, Nuclei armati rivoluzionari.

Durante i quaranta giorni della prigionia di Aldo Moro (marzo-maggio 1978) è la Banda della Magliana, con l'aiuto dei gruppi eversivi neofascisti e dei servizi segreti deviati, a depistare la ricerca dello statista. È accertato infatti dai processi sul gruppo malavitoso che esponenti della Banda della Magliana prestarono la loro opera per indirizzare la ricerca della prigione di Aldo Moro sul falso obiettivo del lago della Duchessa, nell'Appennino reatino. È altresì accertato che il deposito comune delle armi dei terroristi neofascisti e della malavita si trovava nella sede del Ministero della sanità.

Sulla scia della presenza di Michele Sindona sulla scena romana, ci sono compravendite di aree edificabili da parte di esponenti dell'economia mafiosa. Il gruppo imprenditoriale Graci-Finocchiaro acquista una vasta area – circa cinquanta ettari – adiacente all'Eur. Questa vicenda non è soltanto la conferma di un generale interesse a investire nello scacchiere urbano, ma mostra l'esistenza di un disegno che porterà Roma all'anarchia urbanistica. La grande area acquistata da Graci e Finocchiaro, infatti, non ha una classificazione urbanistica di particolare valore commerciale poiché è destinata alla realizzazione di servizi pubblici urbani ed è pertanto soggetta a esproprio da parte della pubblica amministrazione. Ci sarebbero stati insomma ben altri modi di investire i capitali, ad esempio in aree già destinate a espansione o in immobili di pregio del centro storico. Evidentemente chi acquista e chi consiglia l'acquisto ha in mente il piano che si sarebbe realizzato appena un decennio dopo con il trionfo dell'urbanistica contrattata, in cui le destinazioni di piano regolatore sono soltanto un generico riferimento: ciò che conta è la capacità del proprietario o dell'operatore di intessere un rapporto con l'amministrazione pubblica finalizzato alla contrattazione urbanistica.

La "modernizzazione" degli anni Ottanta

Gli anni Ottanta rappresentano un vero e proprio spartiacque. I risultati del censimento mostrano un paese che si è stabilizzato dal punto di vista demografico. Sono finite le grandi migrazioni dei decenni precedenti che hanno investito tutte le grandi città italiane. Si rendono evidenti i primi segni di inversione di tendenza di una società che ha soddisfatto, pur tra grandi disuguaglianze e contraddizioni, i principali bisogni primari, come quello della casa, e contemporaneamente ha l'esigenza di modernizzare le principali città.

Arrivano però anche i primi segnali di rallentamento della forza propulsiva del sistema produttivo industriale. I primi passi dell'economia liberista vittoriosa oltre oceano spalancano le porte a delocalizzazioni e diminuzione della forza lavoro, a partire dagli Stati Uniti e dalla Gran Bretagna. Sono anni in cui sulla parola d'ordine della lotta alla burocrazia e della "modernizzazione" si formano nuove sensibilità e si ricostruiscono gerarchie di potere, ed è Bettino Craxi a interpretare questa fase. Nel 1983 inizia il dibattito sul condono edilizio che ha l'effetto non soltanto di alimentare ulteriormente la spirale della devastazione del territorio, ma anche quello di rafforzare l'adesione di massa al modello economico fondato sul mattone e sulla speculazione edilizia. Si apre la strada a un doppio regime di edificazioni, legale e illegale, e questo passa spesso sotto il controllo della malavita organizzata, che trova nell'abusivismo residenziale e commerciale un comodo strumento per riciclare denaro di provenienza illecita.

Si apre anche la fase della cosiddetta modernizzazione delle città. Le Ferrovie dello Stato, sotto la guida del presidente Lorenzo Necci, spingono per ottenere il potenziamento e la valorizzazione degli scali ferroviari. Lo stesso Necci lancia in quegli anni la proposta del "rinascimento urbano", e cioè l'apertura di una fase di trasformazione delle città guidata da grandi progetti e grandi opere. Inizia la fase della costruzione dei consorzi di imprese, mentre nasce l'istituto della concessione per la realizzazione di opere pubbliche. A Tor Vergata, ad esempio, il bando di affidamento per la concessione della gigantesca opera di costruzione dell'ateneo viene aggiudicato alla Sogene, braccio operativo della Società generale immobiliare. Al fallimento della Sogene, avvenuto immediatamente dopo quello della società madre nel 1987 – Sindona era morto nel carcere di Voghera nel 1986 –, subentra un consorzio di imprese guidate dalla Vianini. L'Italstat, gigante pubblico nel mondo delle imprese edilizie, propone la realizzazione di un'autostrada urbana di attraversamento in tunnel della via Appia antica.

Ma è il caso Intermetro a rappresentare l'esempio più evidente del disegno egemonico che si gioca nella città. Il raggruppamento nato per la realizzazione del prolungamento della linea A della metropolitana romana è costituito dalle più grandi imprese private che operano nel settore infrastrutturale (Cogefar, Condotte d'acqua, Breda ferroviaria, Impresit, Fiat ferroviaria, Marelli), da gruppi pubblici (Ansaldo) e istituti di credito (Imi). Un consorzio di tale rilievo tende a sostituirsi alla pubblica amministrazione nel campo della programmazione. Nel 1986, esso presenterà il progetto per la realizzazione di una rete metropolitana per la città. È il primo caso della lunga serie di "privatizzazioni" delle funzioni pubbliche. Il progetto non va a buon fine per l'esplodere dello scandalo di Tangentopoli, ma resta un esempio della direzione di marcia che si concretizzerà negli anni a venire.

Il tentativo di modernizzazione iniziato in quegli anni naufraga appunto nella serie di scandali e di malcostume affaristico denominata "Tangentopoli". Il consorzio Intermetro verrà messo sotto inchiesta con l'accusa di aver fatto lievitare i costi della realizzazione del prolungamento della linea metropolitana A per distribuire tangenti ai partiti del governo di centrosinistra. Sotto inchiesta entreranno anche le opere per lo svolgimento dei Mondiali di calcio del 1990, dallo stadio Olimpico ad alcune nuove stazioni ferroviarie. Alla fine degli anni Ottanta compare ancora una volta il ruolo del Vaticano e dello Ior poiché la maxitangente Enimont, 152 miliardi di lire, transitò nello Ior e attraverso Domenico Bonifaci, noto immobiliarista della capitale.[17] Lo scandalo dell'appalto della linea A porta

---

17 Gianluigi Nuzzi, *Vaticano s.p.a.*, Chiarelettere, Milano 2009. La vicenda è narrata nel capitolo "Enimont. La maxitangente".

in carcere molti importanti politici romani. Oltre alla politica, crolla la piramide del potere che si era formata nei decenni precedenti nelle aziende pubbliche (Iri, Italstat) e nella grande impresa italiana. Vengono arrestati e condannati per corruzione i vertici dell'Italstat, i dirigenti della Grassetto, del gruppo Ligresti e della Pizzarotti di Parma.

Si esce da Tangentopoli cancellando l'urbanistica

Un gigantesco sistema di potere sembra vacillare e attraversa la sua più grave crisi. Si fa largo la speranza che si apra una nuova fase basata sul rispetto delle regole e sulla moralità. Nulla di più sbagliato. Il 1994 è l'anno in cui l'offensiva neoliberista trova in Italia un punto di riferimento in Silvio Berlusconi. Dopo una breve fase in cui la sua creatura politica, Forza Italia, sembra essere in sintonia con l'azione del pool di magistrati di Mani pulite, Berlusconi porta infatti avanti una sistematica campagna di delegittimazione della magistratura. Si torna dunque alla situazione precedente.

Questo ritorno al passato fu preceduto da una inedita offensiva di stampo mafioso che iniziò dalla Sicilia nel 1992 con le stragi in cui persero la vita i giudici Falcone e Borsellino e le loro scorte, e che dall'isola si propagò in molte città italiane. Il 27 luglio 1993 due attentati dimostrativi vengono portati nel cuore della capitale davanti alla basilica di San Giovanni in Laterano e la chiesa di San Giorgio al Velabro. Pochi mesi dopo un'auto imbottita di tritolo viene fatta trovare vicino all'ingresso dello stadio Olimpico nel giorno dello svolgimento del derby cittadino. Se fosse esplosa avrebbe causato una strage.

È il periodo della trattativa tra lo Stato e il potere mafioso, una vicenda oscura ancora oggi non chiarita. Così come non chiarite sono altre vicende che si svolgono nel recinto della Città del Vaticano. Nel 1988, due anni dopo l'attentato a papa Giovanni Paolo II, viene rapita senza lasciare traccia Emanuela Orlandi, giovane cittadina vaticana. Nel 1990 Enrico De Pedis, capo della Banda della Magliana, ucciso nel 1990 nella faida per il controllo del gruppo criminale, viene sepolto in una delle basiliche extraterritoriali romane, Sant'Apollinare, a pochi passi da piazza Navona.

Da Tangentopoli si esce cancellando regole e legalità. La "modernizzazione" del paese e delle città avviene senza che ci siano più regole nel governo urbano. Nel 1994 il governo Berlusconi approva il secondo condono edilizio. La nuova sanatoria premia in particolare le operazioni illegali concretizzate con il riciclaggio del denaro proveniente da attività illecite. Inizia in quegli stessi anni la cancellazione delle regole urbanistiche guidata da provvedimenti del Ministero dei lavori pubblici e sostenuta dalla forte campagna ideologica della destra condensata nello slogan "padroni a casa nostra". Nasce la legge Botta-Ferrarini, prima sperimentata a Milano e poi convertita in legge dal Ministero dei lavori pubblici (Programmi di riqualificazione urbana, legge 179/92, art. 2) cui seguono i Programmi di recupero urbano (legge 493/93, art. 11). L'urbanistica viene progressivamente cancellata e sostituita dalla cultura della deroga.

Insieme alla cancellazione del quadro normativo, le città vengono messe in crisi sul piano della capacità di spesa. Dagli anni Novanta i trasferimenti di risorse alle autonomie locali vengono falcidiati dai tagli alla spesa pubblica. Lo svuotamento delle casse comunali rende le amministrazioni ostaggio delle trasformazioni urbanistiche private da cui si possono ricavare finanziamenti per realizzare servizi e opere pubbliche. È sull'economia del mattone che sopravvivono i Comuni.

Viene ulteriormente favorita la vendita degli immobili pubblici che ha di fatto istigato i Comuni a promuovere la speculazione fondiaria. Nella legge è esplicitamente previsto che prima di essere venduti gli immobili possono essere "valorizzati" e che una parte della plusvalenza, il cinque per cento, resta ai Comuni. In altre parole le pubbliche amministrazioni hanno la facoltà di trasformare magazzini in case, abitazioni in zone commerciali, a seconda delle convenienze di mercato.

Con quell'articolo si indica la strada da percorrere: quella della deroga ai piani regolatori.

Prende anche avvio il processo di vendita degli immobili delle società pubbliche e degli enti previdenziali, e si privatizzano pezzi importanti delle aziende di Stato. Roma è lo snodo di molte operazioni di acquisizione. La grande azienda agricola Maccarese (cinquemila ettari di bonifica realizzata agli inizi del Novecento) viene venduta nel 1996 alla famiglia Benetton, mentre altri gruppi si dividono il patrimonio Inpdap della capitale.

Attraverso la cultura della deroga, i grandi poteri pubblici e privati impongono il proprio dominio. Alla fine degli anni Novanta tre "accordi di programma", che dal punto di vista procedurale distruggono l'urbanistica, consentono di localizzare grandi funzioni urbane, a prescindere dalle regole urbanistiche. L'Alitalia mette a frutto la sua proprietà alla Magliana per costruire un quartiere residenziale e "fare cassa", rinviando di qualche anno il fallimento. L'Opus Dei ottiene di costruire un grande polo ospedaliero a Trigoria, località in aperta campagna priva della rete pubblica di collegamento con la città. Il Comune di Roma guidato da Francesco Rutelli approva il progetto di costruzione del porto di Ostia lido, mai previsto in nessuno strumento urbanistico.

E con la cancellazione delle regole urbanistiche si completa il disegno del gruppo Graci-Finocchiaro. Come abbiamo accennato, essi avevano acquistato un terreno in posizione strategica in adiacenza dell'Eur, destinato a ospitare attività pubbliche e pertanto soggetto a esproprio. Con l'urbanistica contrattata il terreno, trasferito nel 2002 in proprietà attraverso la liquidazione Sicilcasse alla società Parsitalia – la protagonista della costruzione dello stadio della Roma –, passa dal regime pubblicistico a quello privato e nel 2003 l'area muta destinazione passando da M1 (servizi pubblici) a M2 (servizi privati). L'area viene classificata dal nuovo piano urbanistico del 2008 come una "centralità" della città. Il suggello simbolico della sconfitta del tentativo di riportare legalità nella capitale e nel paese viene infine dalla sentenza del più importante processo della Tangentopoli romana. Nel 1997 il tribunale condanna soltanto figure di secondo piano di Intermetro assolvendo tutti i responsabili delle aziende consorziate. La difesa era rappresentata, tra gli altri, da Paola Severino, futuro ministro della giustizia del governo tecnico presieduto da Mario Monti.

Gli anni Duemila. Il futuro nel mattone

Nel 2003 il governo di centrodestra approva il terzo condono edilizio mentre con il rientro dei capitali trasferiti illegalmente all'estero verranno reimmessi sul mercato finanziario 150 miliardi di euro. Quel fiume di denaro non viene reinvestito nella produzione industriale ma va ad alimentare una nuova fase di effervescenza del mercato immobiliare. Tra le più pericolose caratteristiche del provvedimento c'era la possibilità di farli rientrare anche in moneta contante. Un segnale a favore della criminalità organizzata, osservarono gli analisti più attenti. In questo clima di scarsa trasparenza i poteri criminali continuano un inarrestabile cammino di acquisizione di importanti segmenti economici, dal commercio all'edilizia. In quegli anni in tutto il paese si susseguono acquisizioni malavitose. A Roma vanno segnalati i sequestri del Cafè de Paris di via Veneto, icona della Roma degli anni Sessanta, e di un bar in largo Chigi, dirimpetto all'ingresso del palazzo della Presidenza del consiglio. Magistrati come il procuratore De Ficchy, e la stessa Dia, denunciano sistematicamente l'infiltrazione dei poteri mafiosi nell'economia romana. Nel 2009 il Comune di Nettuno, alla porte di Roma, viene sciolto per infiltrazioni mafiose.

Un altro fondamentale tassello della centralità del comparto immobiliare viene imposto con il tentativo di perfezionare, attraverso una società veicolo, la vendita del patrimonio immobiliare pubblico. L'allora ministro per l'economia, Giulio Tremonti, propone la creazione di Italia Spa, una società autonoma rispetto alla pubblica amministrazione che possa disporre, vendendolo, dell'immenso patrimonio immobiliare dello

Stato. È il 2002 e il provvedimento trova opposizione in tutti gli ambienti della cultura e di alcune Regioni che impugnano la legge perché lesiva della loro autonomia. Come spiega Salvatore Settis, l'opposizione al provvedimento non si basa su un dissenso sul destino del patrimonio pubblico, ma soltanto sulla titolarità a disporne. Del resto, erano stati i tre governi di centrosinistra succedutisi tra il 1996 e il 2001 a emanare i primi provvedimenti legislativi che prevedevano la vendita del patrimonio dello Stato.[18]

La crescita dei valori immobiliari non trova più nessun argine. Scrive Guido Rossi ne *Il mercato d'azzardo*:

> Di fatto, allo stato attuale il mercato finanziario del nuovo capitalismo è interamente nelle mani degli speculatori, mentre chi produce è costretto a recitare il ruolo di comparsa. La straordinaria liquidità degli *hedge funds*, dei fondi di *private equity*, le obbligazioni strutturate delle grandi banche, insomma l'intera panoplia di prodotti sempre più sofisticati e sempre meno comprensibili nei quali tutti i giorni ci viene chiesto di investire il nostro denaro è la stessa che tiene in scacco, da sola, anche le imprese più robuste e consolidate, esponendole ad acquisizioni e scissioni, o quantomeno a pesanti condizionamenti di ogni genere.[19]

Il passaggio dall'economia liberale basata sulla produzione di beni al dominio della finanza globalizzata dove prevale la speculazione, ha avuto immediate conseguenze nella vita delle città con il trionfo della valorizzazione immobiliare. Un esempio è la vendita del patrimonio residenziale pubblico delle Assicurazioni Generali localizzato in zona pregiata di Roma. Nel 2002 un fondo di investimento immobiliare chiuso acquista l'edificio al valore di duemila euro al metro quadrato. Passa più di un anno

---

18 Salvatore Settis, *Italia s.p.a. L'assalto al patrimonio culturale*, Einaudi, Torino 2007. Sullo stesso argomento Giuseppe Chiarante, *Sulla Patrimonio s.p.a.*, Graffiti, Roma 2003.

19 Guido Rossi, *Il mercato d'azzardo*, Adelphi, Milano 2008.

e il primo fondo rivende il blocco alla Vittoria Assicurazioni, che nel frattempo crea una serie di immobiliari (Bilancia Prima, Seconda e Terza). Prezzo tremila euro al metro quadrato. Passa ancora qualche mese e le Assicurazioni Vittoria inviano la loro offerta agli inquilini: quattromila euro al metro quadrato. In poco più di un anno il valore immobiliare è raddoppiato.[20]

Stefano Ricucci, immobiliarista del gruppo dei cosiddetti "furbetti del quartierino", acquista per dodici milioni e 400mila euro dall'Immobiliare Il Corso, di proprietà di Giampiero Fiorani, un edificio di via Lima nel quartiere Parioli. L'acquirente è la Magiste Real Estate, una delle società della galassia di Ricucci, e la valutazione è del 29 dicembre 2004. Appena due mesi dopo la Magiste Real Estate vende l'edificio alla Magiste Real Estate Property, altra società della galassia, per un valore di trentacinque milioni. Sempre nel 2005 la Confcommercio presieduta da Franco Billè firma un contratto di acquisto dell'immobile per un importo (comprensivo del costo di ristrutturazione) di sessanta milioni di euro.[21]

Il meccanismo non risparmia neppure la Congregazione Propaganda Fide che il 30 maggio 2008 firma un preliminare d'acquisto di diciannove unità immobiliari in un'area adiacente al Ministero dell'economia, in pieno centro di Roma. Il valore della transazione è fissato in venti milioni. Vende la Mag. Industrie Srl che però non è il proprietario degli immobili, ma solo il titolare di un acquisto in leasing avviato quattro anni prima con la proprietaria, la banca Italease. Con il contratto del 30 maggio 2008 la Mag. Industrie si impegna ovviamente a riscattare il leasing immobiliare. Il 30 settembre la Mag acquista per nove milioni da Italease e lo stesso giorno rivende a Propaganda Fide a venti milioni.[22]

---

20   Roberta Carlini, "Una città in vendita in città", in *il manifesto*, 10 marzo 2003.

21   Ettore Livini, Marco Censurati, "Fondi neri con gli affari immobiliari", in *La Repubblica*, 4 gennaio 2006.

22   Carlo Bonini, "Lo strano affare del palazzo del cardinale che in un giorno raddoppiò il suo prezzo", in *La Repubblica*, 11 marzo 2013.

La Lega calcio dilettanti di Carlo Tavecchio acquista il 14 febbraio 2008 un immobile a piazzale Flaminio per un valore di quasi venti milioni. Il venditore l'aveva acquistato tre settimane prima per undici milioni. L'Enpap, ente di previdenza dei medici psicologi, acquista nell'aprile 2012 un intero edificio a due passi da Fontana di Trevi per quarantaquattro milioni. Il venditore, il senatore Riccardo Conti, l'aveva acquistato due mesi prima per poco più di ventisei milioni.[23]

L'Enpam, Ente nazionale di previdenza e assistenza dei medici, acquista nel 2009 due immobili in zona adiacente all'Eur. Il primo il 31 marzo 2009 dalla First Atlantic per un importo di cinquantotto milioni. Tre mesi prima questa società l'aveva acquistato per ventinove milioni. Il 4 febbraio 2010 la storia si ripete. Enpam acquista dalla Coedimo per un valore di sessanta milioni un altro immobile che appena due mesi prima era stato pagato da quella società ventitré milioni.[24]

Il cemento dilaga nella capitale dell'urbanistica contrattata

L'effervescenza economica causata da questi meccanismi speculativi è tale che l'amministrazione comunale di centro-sinistra guidata da Walter Veltroni conia lo slogan "modello Roma". Di fronte a ritmi di crescita modesti del sistema paese, Roma cresce di più, segno evidente – si afferma – della bontà del governo locale. È il 2007 e siamo alle soglie della più grande crisi del sistema economico mondiale, ma chi governa la capitale continua a credere che il mattone non fermerà la sua spinta.

Roma si fa dunque paladina dell'urbanistica privatistica e approva un dimensionamento delle nuove edificazioni

---

23   Paolo Ziliani, "I guai di Tav: Platini e quella casa strapagata", in *il Fatto Quotidiano*, 13 settembre 2014.

24   Maria Elena Vincenzi, "Medici, truffa da 500 milioni alla cassa pensioni", in *La Repubblica*, 18 aprile 2012.

gigantesco. Il nuovo piano regolatore prevede settanta milioni di metri cubi di nuovi edifici, e cioè un aumento di circa quattrocentomila abitanti in una città che mantiene stabile la sua popolazione da due decenni. La diretta conseguenza di questo immotivato dimensionamento è quella di favorire la creazione di nuove periferie. Se a questa prospettiva si somma la facilità di aggirare le regole con la contrattazione urbanistica, si comprende che la città si è sviluppata senza un disegno.

Il piano regolatore del 1965, come noto, delineava una fisionomia della città imperniata sulla realizzazione della "nuova città pubblica" nella periferia est della città. La realizzazione del Sistema direzionale orientale era infatti la chiave del rinnovamento urbano, da raggiungere in primo luogo con lo spostamento delle attività ministeriali dal centro storico della città su terreni in gran parte già pubblici o da espropriare. Con il nuovo piano regolatore lo Sdo viene cancellato e sostituito con diciotto ambiti destinati alla funzione di "centralità". Il nuovo piano affida dunque le speranze di definizione della struttura urbana del terzo millennio a quei poli in gran parte privati, sparsi nel territorio romano e senza alcun legame tra di essi.

Nel comprensorio della Bufalotta, il primo ad essere attuato, si misura il fallimento della visione privatistica del nuovo piano regolatore. Il contenuto della "centralità" era assicurato dall'articolazione funzionale del nuovo insediamento. Erano previste residenze per poco più di un terzo dei previsti tre milioni di metri cubi (circa dodicimila nuovi abitanti), un altro terzo era dedicato alla realizzazione di terziario (la centralità). La restante parte era destinata alla funzione commerciale ed è stata la prima a essere realizzata. Esaurita anche la costruzione delle residenze, era finalmente arrivato il momento di delineare il volto della "centralità". Ma i proprietari del comprensorio fanno sapere al Comune di Roma che in conseguenza della crisi del comparto terziario non sono in grado di realizzare la prevista quota di uffici, e cioè la "centralità". La giunta comunale non oppone alcuna resistenza, non cerca cioè di mantenere fede al programma sottoscritto richiamando il consorzio al rispetto dei patti stipulati. Nel novembre 2008, quando l'amministrazione è guidata dal centrodestra, il Consiglio comunale vota una delibera che accetta di mutare le restanti volumetrie da terziarie a residenziali. Con il fallimento del progetto urbano della Bufalotta cade l'assunto teorico su cui si è basata l'urbanistica romana e italiana, e cioè di affidare il destino della città al mercato.[25]

Così, mentre a livello mondiale deflagra la crisi economica più grave della storia della società moderna, l'urbanistica romana, che aveva affidato i destini della città al motore dell'iniziativa privata, si blocca.

I soldi bruciati sull'altare della proprietà immobiliare

Nell'esperienza di assessore all'urbanistica ho avuto modo di quantificare l'elemento centrale per qualsiasi prospettiva di risanamento della città, quello delle risorse economiche. Costruire case per la parte povera della società sembra diventato un problema insormontabile proprio perché, si afferma, mancano i finanziamenti. Se si parte dal debito accumulato dalla capitale, tredici miliardi e mezzo al 2016, il problema delle risorse pubbliche appare davvero centrale. Ma non è così.

Intanto non si spendono nemmeno i soldi che ci sono, come ad esempio i 192 milioni destinati ad alloggi pubblici e da anni bloccati. Si potrebbe partire da quella somma, per incrementarla, fino ad arrivare alla cifra di quindicimila alloggi che servono a Roma per soddisfare i più gravi fabbisogni

---

25 Una convinzione su cui è stato costruito il piano regolatore e su cui si è investito moltissimo in termini di immagine. A partire dal 2002, infatti, il Comune di Roma è stato protagonista nella fiera della speculazione immobiliare internazionale che si svolge annualmente a Cannes, il Mipin, Marché international des professionels de l'immobilier. Nel 2007, pochi mesi prima che iniziasse il crollo dell'economia di carta, Roma insieme alla Regione Lazio aveva organizzato un padiglione di ottocento metri quadrati in cui mettere la città in vendita. L'analisi sistematica del contenuto ideologico del "modello" è contenuta in Aa. Vv., *Modello Roma. L'ambigua modernità*, Odradek, Roma 2007.

abitativi. Ma per farlo, il tema decisivo è quello di chiudere nel tempo più breve possibile l'esposizione finanziaria degli affitti passivi pagati alla grande proprietà immobiliare: ogni anno paghiamo quarantatré milioni di euro per i residence che servono per ospitare, in condizioni indegne, i senza tetto. Nel periodo temporale che va dal 1990 a oggi, Roma ha dunque speso poco meno di un miliardo di euro. Invece di utilizzare quei soldi per programmare l'uscita definitiva dall'emergenza continuiamo a pagare i proprietari di residence, elenco in cui troviamo molti nomi dei maggiori *rentier* immobiliari.

Per gli affitti per l'uso delle sedi istituzionali paghiamo poi cinquantatré milioni all'anno: più di un miliardo in totale. Per erogare le prestazioni pubbliche, esternalizzate per seguire la cultura liberista dominante (assistenza agli immigrati, cura del verde, pulizia degli immobili, ecc.), si può calcolare una cifra aggiuntiva di almeno cinquecento milioni, se consideriamo che le cooperative e le imprese che hanno preso il posto delle strutture pubbliche impiegano, con i soldi girati loro dal Comune, migliaia di addetti. A queste voci già di per sé imponenti dobbiamo aggiungere, come detto, che grazie alle leggi dello Stato la grande proprietà è esente dal pagamento delle tasse sugli immobili nuovi invenduti: mancano in questo modo alle casse pubbliche altri cinquecento milioni. Recuperando il tributo che paghiamo all'eterna speculazione immobiliare, il Comune di Roma riuscirebbe ad avere a disposizione una somma pari ad almeno tre miliardi e mezzo. Centosettanta milioni ogni anno, un valore sufficiente a uscire dall'emergenza in poco più di dieci anni.

Se guardiamo poi agli effetti economici della crescita urbanistica speculativa, la voce più elevata di indebitamento riguarda naturalmente il recupero delle aree abusive che ha comportato e comporta ancora grandi erogazioni di denaro pubblico. L'anarchia localizzativa della città abusiva è costata, soltanto nei vent'anni considerati, più di tre miliardi per costruire una parte delle reti mancanti – acquedotti, fognature, illuminazione pubblica, ecc. – e dei servizi sociali. La seconda voce di indebitamento causata dalla mala urbanistica riguarda la realizzazione dei quartieri di edilizia convenzionata che, come abbiamo accennato, sono stati decisi prevalentemente sulla base delle convenienze della proprietà fondiaria. La quantificazione del costo che la collettività si dovrà accollare per completare le urbanizzazioni e i servizi che mancano, e garantire trasporti e raccolta dei rifiuti, arriva alla cifra di due miliardi di euro. Il debito contratto da Atac e Ama supera i due miliardi e, malversazioni e ruberie a parte, è causato dalla struttura urbana frammentata che non permette l'erogazione dei servizi a costi contenti. Del debito totale almeno un miliardo e mezzo deriva dall'assetto urbano. A causa delle disinvolte politiche di collaborazione tra pubblico e privato, per la vicenda "Punti verde qualità", il buco di bilancio causato dalle fidejussioni, sottoscritte per permettere agli operatori privati di ottenere, mutui ammonta a circa trecento milioni. Le convenzioni urbanistiche non ancora onorate dagli operatori, per la realizzazione delle opere pubbliche previste, arrivano a cifre enormi. È certo che la gran parte di queste opere pubbliche potrà essere completata senza costi aggiuntivi per le casse pubbliche, ma c'è da tener conto di alcuni fallimenti d'impresa che comporteranno un'esposizione di circa un miliardo a carico della collettività. Chiudendo il capitolo dell'urbanistica privatistica potremmo ottenere, nella voce investimenti, una cifra pari a quattrocento milioni per ogni anno.

Non è dunque vero che i soldi non ci sono. Ci sono, ma vanno ad incrementare i bilanci delle grandi proprietà immobiliari e a perpetuare il modello urbanistico espansivo che ha portato al fallimento la città.

Capitolo due

La distruzione dello Stato

Gianni Alemanno al Campidoglio

Con le premesse che abbiamo visto non era difficile immaginare che da un processo involutivo del quadro politico e amministrativo sarebbero derivate conseguenze gravissime. I gruppi di potere che hanno dominato la scena nel periodo compreso tra la ricostruzione postbellica e Tangentopoli erano abituati ad aggirare, interpretare e piegare la legge a proprio favore. E abbiamo anche visto che la fase post Tangentopoli ha portato un ulteriore allentamento del quadro normativo già sufficientemente incerto. Caratteristiche soggettive dei gruppi imprenditoriali e allentamento del sistema delle regole erano già in grado di permettere ogni tipo di infrazione. Bastava soltanto l'incastro perfetto: l'eversione fascista alla guida del Campidoglio.

Nel ballottaggio elettorale del 28 aprile 2008 tra il favorito Francesco Rutelli, a capo dello schieramento di centrosinistra, e Gianni Alemanno, è quest'ultimo a divenire sindaco di Roma. Alemanno vanta un passato di militanza nella destra eversiva e i suoi contatti con quel mondo sono confermati dalle prime nomine. Riccardo Mancini, un passato nella destra estrema, è nominato amministratore delegato dell'Ente Eur. Franco Panzironi, anch'egli legato al neofascismo, viene nominato ai vertici dell'Ama. Intorno al nuovo sindaco inizia dunque a ricostruirsi la rete di relazioni di un mondo che si pensava emarginato per sempre dopo la sanguinosa stagione degli anni di piombo. E nonostante i decenni di distanza da quel lontano periodo, il gruppo dimostra di possedere una immutata coesione. Nella segreteria del sindaco e nel suo entourage si collocano uomini come Stefano Andrini, condannato in primo grado per tentato omicidio per l'aggressione di cui fu protagonista nel 1989 ai danni di militanti di sinistra, reato poi derubricato in secondo grado in «concorso in lesioni gravi»; Maurizio Lattarulo, per alcuni anni in carcere per associazione a delinquere, diventa consulente dell'amministrazione romana; capo della segreteria del sindaco è infine Antonio Lucarelli, anch'egli con un passato nel mondo neofascista.

La destra che governa il Campidoglio può contare sull'aiuto del mondo delle imprese edili e delle principali categorie economiche. Francesco Gaetano Caltagirone, negli ultimi giorni della sfida elettorale comunale, aveva attaccato apertamente il sistema di governo comunale del centrosinistra, accusandolo di non aver avuto un'idea unificante per la città e di averne provocato il degrado. L'Ance romana, l'associazione dei costruttori edili, si schiera apertamente a favore di Alemanno. Un grande aiuto viene anche dalle categorie economiche tradizionalmente vicine al centrodestra, come la Confcommercio, guidata da Cesare Pambianchi.

A risultato conseguito, si ricostruisce la gerarchia dei poteri. La più grande azienda municipalizzata italiana, l'Acea, viene posta sotto il controllo dei capitali privati tra cui ci sono aziende legate al gruppo Caltagirone. Giancarlo Cremonesi, presidente dei costruttori romani, verrà ripagato del sostegno elettorale con la nomina a presidente della Camera di commercio, snodo del potere romano, e successivamente con la nomina a presidente dell'Acea. Cesare Pambianchi verrà nominato presidente di Investimenti Spa, la società che controlla la Fiera di Roma.

Le mani sulle aziende municipalizzate

Nell'azienda municipalizzata dei rifiuti, l'Ama, si assiste a numerose assunzioni a chiamata diretta, dunque senza il ricorso a concorsi pubblici, e amministratore delegato diventa Stefano Andrini. Anche l'Atac viene appesantita da un elevato numero di dirigenti chiamati con procedura discrezionale: è lo scandalo noto come Parentopoli. Del resto la legislazione che regola la vita dei Comuni italiani consente l'arbitrarietà nella scelta delle persone che devono occupare le posizioni apicali e dirigenziali dell'amministrazione centrale e delle società municipalizzate. Ma non basta. Anche nell'affidamento degli appalti per la realizzazione di opere pubbliche si utilizzano procedure discrezionali con l'uso sistematico della chiamata diretta di imprese "amiche" per importi di grande rilevanza contabile. Nei primi mesi di governo della città Alemanno si assicura dunque il controllo della macchina amministrativa e delle aziende municipalizzate. Controllo che poi si estende al sistema degli appalti pubblici. Tre elementi che formeranno il brodo di coltura di Mafia capitale.

Per comprendere i risultati prodotti da quel periodo conviene anticipare l'esito del governo di Alemanno. Riccardo Mancini viene indagato nel 2011 e poi rinviato a giudizio nel 2013 per una tangente ricevuta per l'acquisto di quarantacinque filobus che giacciono ancora inutilizzati nelle rimesse Atac. Nel 2015 verrà condannato in uno stralcio del processo per tentata estorsione. Nel 2017 la procura di Roma ne chiede – sempre per lo stesso reato – la condanna a cinque anni di reclusione. Pambianchi viene arrestato il 13 giugno 2011 per bancarotta fraudolenta e reati fiscali. Nel settembre 2016 è stato condannato a tre anni di reclusione. Il 24 febbraio 2010 Stefano Andrini si autosospende da direttore generale dell'Ama per un'inchiesta che lo riguarda. La credibilità già compromessa della giunta Alemanno crolla definitivamente per la vicenda delle assunzioni clientelari e, dopo complesse indagini patrimoniali, il 28 dicembre 2018 la Corte dei conti condanna Panzironi ed altri dirigenti di Ama alla restituzione di 1,7 milioni di euro.

Ciononostante l'amministrazione Alemanno arriva alla conclusione regolare del mandato. Partiti politici e società civile, se vogliono davvero salvaguardare l'esercizio della democrazia, devono porre all'ordine del giorno la revisione della legislazione che, sulla base di una interpretazione molto estensiva dello *spoil system*, consente ai sindaci di nominare chiunque senza alcun controllo sociale. E devono poi creare autorità indipendenti di garanzia che vigilino sulle nomine delle amministrazioni e, nei casi opportuni, possano sanzionare senza impedimenti i casi di illegittimità. La creazione di un osservatorio indipendente sulle azioni delle amministrazioni è un tema che Alberto Benzoni, intellettuale socialista e vicesindaco delle giunte di centrosinistra degli anni Ottanta sta portando avanti con la sua associazione Nuovo secolo. È una questione istituzionale nodale se non vogliamo smarrire il senso etico della partecipazione politica.

Le avvisaglie della tempesta Mafia capitale che avrebbe travolto Roma si potevano già cogliere nella conclusione della vicenda dei Mondiali di nuoto del 2009. Nel 2005 Roma venne scelta come sede per lo svolgimento dei Mondiali di nuoto. C'erano quattro anni, un tempo sufficiente per prepararsi indicando obiettivi chiari e spendendo soldi pubblici per migliorare la vita di tutti i cittadini, coinvolgendo tutte le amministrazioni interessate all'evento. Inizia invece un sotterraneo scontro di vedute e interessi. Il comitato organizzatore e la federazione del nuoto sono orientati verso il potenziamento del Foro Italico. Il sindaco Veltroni decide che i mondiali si svolgeranno in una nuova città dello sport a est della capitale, sulle aree di proprietà dell'Università di Tor Vergata. Nel 2007 iniziano i lavori, in palese ritardo sull'evento mondiale, e soltanto pochi mesi prima (è già sindaco Alemanno) si decide di tornare a puntare tutto sul Foro Italico.

Ma mentre ci si accapiglia sulle due ipotesi, Foro Italico o Tor Vergata, si approvano deroghe urbanistiche per la realizzazione di piscine private. Pochi mesi prima dell'inaugurazione dei Mondiali la procura della Repubblica di Roma sequestra undici impianti realizzati senza il rispetto delle procedure. Tra di essi ci sono il circolo Acqua Aniene e il Salaria sport village, a cui erano stati concessi centosessantamila metri cubi a pochi metri dal Tevere per realizzare piscine e foresterie. La struttura era stata fondata da Filippo Balducci, figlio del precedente commissario straordinario e i lavori verranno realizzati da Diego Anemone.[26]

E infine l'ultimo capitolo dell'assalto alla cosa pubblica compiuto attraverso l'esternalizzazione di funzioni di servizio precedentemente svolte *in house*: la cura dei giardini pubblici, la pulizia degli edifici pubblici e delle scuole, il trasporto scolastico, l'assistenza sociale e del mondo dell'immigrazione vengono affidati – spesso con procedure discrezionali prive di trasparenza – a imprese e cooperative di fiducia. Un sistema organizzato, gestito in sintonia da centrodestra e centrosinistra, che si contendono la guida della città.

La continuità urbanistica con il centrosinistra

Il piano urbanistico approvato dal centrosinistra all'inizio del 2008 prevede, come abbiamo accennato, una quantità edificatoria di circa settanta milioni di metri cubi di nuove costruzioni. Quel dimensionamento viene giustificato dalle condizioni economiche internazionali. L'esplodere della crisi dei mutui *subprime* negli Stati Uniti del 2008 segna un passaggio epocale ma la novità non viene colta, e nel campo dell'urbanistica si assiste a una continuità assoluta con la precedente amministrazione. La destra aveva criticato il piano regolatore di Veltroni ma alla prova concreta del governo non solo si colloca in assoluta continuità, ma moltiplica le occasioni di trasformazione urbana nonostante il piano sovradimensionato. Tutte le proposte infatti comportano la variante rispetto al piano appena approvato.

Sono cinque le proposte ideate dalla nuova urbanistica di Alemanno: la demolizione di Tor Bella Monaca, i progetti di

---

26 Corrado Zunino, *Sciacalli*, Editori Riuniti, Roma 2010.

valorizzazione di Ostia lido, l'assalto all'Eur, l'aggressione all'agro romano e il tentativo di ospitare le Olimpiadi del 2020.[27]

Il quartiere di edilizia pubblica Tor Bella Monaca era sorto nella metà degli anni Ottanta per risolvere il problema dell'emergenza abitativa e per portare servizi nella periferia abusiva orientale di Roma. Per realizzare il quartiere erano stati espropriati terreni che facevano parte di una più vasta tenuta agricola di proprietà dei conti Vaselli, che circonda ancora oggi gli edifici pubblici realizzati. Nel 2010, dietro la necessità di superare il "degrado", viene proposto un progetto di demolizione e ricostruzione dell'intero quartiere che conta circa trentamila abitanti: sarebbe stato il progetto di riuso urbano più grande d'Europa. Come risolvere il problema delle risorse? Ricorrendo all'intramontabile ricetta della valorizzazione fondiaria. A fronte delle spese di demolizione e ricostruzione il Comune propone di realizzare un nuovo quartiere di diecimila abitanti, da edificare sulle aree agricole dei Vaselli, con la cui plusvalenza generata si sarebbero potuti realizzare i progetti di sostituzione edilizia. Mesi di pressioni mediatiche condotte da giornali vicini alla maggioranza non riescono però a configurare un convincente equilibrio economico e il progetto viene abbandonato.

Un altro gruppo di imprenditori tenta invece la carta della creazione di rendita immobiliare a Ostia lido. La proposta – in assoluta sintonia con altre esperienze in atto in Italia, da Salerno a La Spezia – riguarda la costruzione del "water front", cioè un nuovo impianto urbano in sostituzione dei tessuti sorti tra le due guerre e negli anni Sessanta, caratterizzati da densità abitative equilibrate e tipologie prevalenti a villino e a palazzina. Anche in questo caso il progetto tiene per alcune settimane le prime pagine di cronaca per poi entrare nel dimenticatoio proprio a causa della insostenibilità provocata dal mutamento del quadro economico mondiale. Nell'ubriacatura che non

---

27   Sulla continuità urbanistica di quegli anni vedi Paolo Berdini, Daniele Nalbone, *Le mani sulla città*, Alegre, Roma 2011.

riesce a comprendere gli effetti della crisi economica, non ci si ferma neppure di fronte al ridicolo. Il Consiglio comunale vota di inserire nel programma delle opere pubbliche la realizzazione di una pista da sci a Ostia, convinto evidentemente che il futuro della città potesse essere ancorato a progetti di evidente insostenibilità ambientale, come a Dubai.

Nel frattempo il destino dell'Eur, il quartiere moderno più bello della capitale, sembra piegato verso un inarrestabile declino. Il primo colpo arriva con l'insensato progetto di demolizione delle torri del Ministero delle finanze. Tocca poi al Velodromo olimpico, un gioiello di architettura lasciato in abbandono da decenni, che viene demolito con una carica di tritolo il 24 luglio 2008 per realizzare una speculazione immobiliare che avrebbe portato moneta sonante all'Ente Eur diretto da Riccardo Mancini, presidente anche di Acquadrome, la società che doveva realizzare la trasformazione. Anche il laghetto, altro gioiello di architettura del paesaggio, viene dato in pasto alla speculazione per costruire un parcheggio privato con annesso museo virtuale del Mediterraneo.

Oggi l'Eur è stato ridotto a luogo di scorribande affaristiche. Ben diverso era il rispetto della cosa pubblica a rileggere un discorso tenuto da Fiorentino Sullo alla Camera dei deputati nel 1963. Sullo era stato membro dell'Assemblea costituente e fu padre di una coraggiosa proposta di riforma urbanistica mai approvata.[28] Ecco cosa diceva:

> All'Eur è stato possibile destinare al verde e agli spazi pubblici il quarantasette per cento dell'area. E si capisce! L'Eur è un quartiere nato dall'acquisto integrale, da parte di un ente, pubblico, di 430 ettari di terreno. Il commissario dell'ente non ha dovuto perciò rendere conto ad alcuno: ha potuto destinare a parchi e giardini pubblici il ventun per cento; alle strade e alle piazze il ventisei

---

28 Sulla figura di Sullo si veda il recente Ivan Blecic (a cura di), *Lo scandalo urbanistico 50 anni dopo. Sguardi e orizzonti sulle proposte di riforma di Fiorentino Sullo*, Franco Angeli, Milano 2017.

per cento. Immaginiamo, ora, che l'urbanizzazione e lottizzazione dell'Eur fossero avvenute senza l'intervento di un ente pubblico. Chi può supporre che tanta parte del suolo sarebbe stata destinata a spazi liberi? Il confronto tra l'Eur e Monte Mario, per gli sprovveduti di nozioni urbanistiche, potrebbe essere salutare.

Ma per il quartiere dell'Eur ancora non è finita perché il sindaco Alemanno candida Roma allo svolgimento di una gara automobilistica di Formula 1. L'ipotesi riguarda l'organizzazione di un circuito sulla viabilità esistente all'Eur. Anche in questo caso nasce il problema di chi dovrà accollarsi le spese per le sistemazioni stradali, le tribune e gli impianti tecnici dei team automobilistici partecipanti. E il meccanismo è sempre quello di consentire all'Ente Eur, proprietario dei terreni su cui si svolgerebbe la manifestazione, di costruire immobili e utilizzare la plusvalenza prodotta per coprire le spese di organizzazione. Altre polemiche e altro fallimento annunciato.

Alemanno gioca allora la carta dell'ulteriore espansione della città. Vengono incrementate le aree di riserva edificatoria che vanno ad aggiungersi all'enorme estensione di quelle già destinate a edificazione dal piano regolatore, e previsti interventi sugli edifici rurali incentivandone l'uso abitativo. Un altro regalo alla rendita immobiliare. Un altro provvedimento che alterava le regole urbane che sarà sventato dall'impegno delle associazioni ambientalistiche e dai comitati di quartiere che negli ultimi mesi di attività dell'amministrazione Alemanno presidieranno l'aula consiliare del Campidoglio ed eviteranno il nuovo scempio per l'agro romano.

La giunta comunale tenta infine l'avventura olimpica del 2020. Era stato questo l'indirizzo perseguito anche dalle giunte Rutelli e Veltroni, a ulteriore dimostrazione della assoluta identità di vedute tra i due schieramenti di centrodestra e centrosinistra sul governo urbano. In questo caso il sindaco Alemanno punta molto sulla sinergia con il governo presieduto da Silvio Berlusconi. Ma è il mutamento politico nazionale a decretare la bocciatura della candidatura. Nel novembre 2011 una grave crisi finanziaria scuote le fondamenta del sistema italiano e il presidente della Repubblica Giorgio Napolitano designa Mario Monti, economista di cultura liberista, come presidente del Consiglio dei ministri, a capo di un governo tecnico incaricato di risanare le finanze dello Stato. L'abbandono dell'avventura olimpica deriva proprio da questo nuovo quadro politico istituzionale, poiché Monti decide di non mandare avanti l'ipotesi di candidatura di Roma, con la motivazione che per organizzare l'evento si sarebbe dovuto prevedere un ingente impegno di bilancio (intorno a quattro miliardi), che non era nelle disponibilità e negli obiettivi del nuovo governo.

Un marziano alla guida di Roma. Ignazio Marino

Un segnale di possibile riscatto arriva con l'elezione a sindaco di Roma di Ignazio Marino nella tornata elettorale del 12 giugno 2013. Medico chirurgo, completamente estraneo ai gruppi di potere che avevano gestito per un ventennio la capitale, Marino appare fin dall'inizio intenzionato a segnare una discontinuità rispetto alla conduzione della cosa pubblica fin lì consolidata. Assume, ad esempio, un provvedimento di limitazione dello strapotere dei "camion bar", controllati in gran parte dalla famiglia Tredicine, che occupano le zone più frequentate dai turisti nel centro storico e degradano la qualità dei luoghi. Chiude al transito privato via dei Fori imperiali, provvedimento che è salutato come il preludio all'avvio della fase di demolizione dello stradone fascista. Ma l'azione del sindaco non è sostenuta pienamente dal suo partito di riferimento, il Partito democratico, e l'isolamento del primo cittadino inizia a emergere in tutta la sua evidenza con il passare dei mesi.

Scandali e malversazioni emersi durante la giunta Alemanno continuano a mietere vittime e provocare smarrimento nell'opinione pubblica anche durante l'amministrazione Marino, in particolare per la vicenda della costruzione della linea C della metropolitana. Ma è soprattutto a livello nazionale che si assiste a un susseguirsi di scandali, inchieste e arresti. Quasi tutte le grandi opere affondano sotto i colpi della magistratura. Il Mose di Venezia, la realizzazione delle opere per l'Expo 2015 di Milano, il passante ferroviario dell'alta velocità a Firenze. La situazione è così insostenibile da obbligare il governo Renzi a istituire, nel 2014, l'Agenzia nazionale anticorruzione (Anac), alla cui guida viene nominato il 27 marzo il magistrato Raffaele Cantone.

Le indagini tecnico-amministrative promosse dall'Anac e trasmesse al sindaco di Roma nel settembre 2015 hanno fatto emergere un quadro del sistema degli affidamenti dei lavori pubblici della capitale sconvolgente. Nel periodo 2011-2014, che coinvolge dunque anche la conduzione di Ignazio Marino, il novanta per cento delle gare per eseguire i lavori è stato affidato con procedure non di evidenza pubblica. Su sei miliardi e mezzo di appalti messi a gara, circa tre miliardi (il quarantasette per cento) sono stati affidati a trattativa privata. La mancanza di regole certe nel governo urbano e nel comparto delle opere pubbliche era il terreno di coltura di Mafia capitale.

Il 2 dicembre 2014 la procura della Repubblica di Roma, guidata da Giuseppe Pignatone, rende evidente il baratro in cui si trova la vita pubblica capitolina. Vengono arrestati un numero impressionante di esponenti istituzionali, del mondo politico, della sfera amministrativa comunale e delle imprese che per molti anni hanno ottenuto dal Comune di Roma lucrosi appalti spesso decisi, come accennavamo sopra, senza alcuna gara di evidenza pubblica. L'inchiesta viene battezzata "Mondo di mezzo" e, per la gravità dei riscontri delle indagini, per il quadro di intreccio tra politica, imprese e malaffare, prevede per gli indagati anche il reato di associazione di stampo mafioso. La città di Roma, dunque, a giudizio della magistratura inquirente, è controllata dalla criminalità di tipo mafioso.[29]

---

29 Sono molte le pubblicazioni che riguardano la vicenda. Segnaliamo Andrea Colombo, *Marcio su Roma*, Cairo editore, Milano 2016; e Lirio Abbate, Marco Lillo, *I re di Roma*, Chiarelettere, Milano 2016; oltre ai numerosi e precisi articoli di Roberto Galullo apparsi su *Il Sole 24 Ore* in edizione cartacea e online.

Gli arresti nel segmento della politica sono eccellenti e bipartisan: Luca Odevaine era il vice capo di gabinetto della giunta guidata da Veltroni, il pilastro della legalità dell'amministrazione comunale era dunque gestito da un uomo che si faceva finanziare dalle imprese che beneficiavano dei lauti appalti comunali; Daniele Ozzimo (Pd) era assessore comunale alla casa; Luca Gramazio era capogruppo in Regione Lazio del centrodestra; Mirko Coratti (Pd) era il presidente dell'assemblea capitolina, cioè colui che poteva influire sull'ordine delle decisioni da assumere in assemblea elettiva. Insieme a questi quattro principali nomi istituzionali vengono arrestati anche molti esponenti politici in prevalenza del Partito democratico. Nel segmento delle aziende pubbliche comunali, poi, viene arrestato Franco Panzironi, con l'accusa di aver affidato appalti a imprese amiche. Per il mondo delle imprese e delle cooperative vengono arrestati Salvatore Buzzi, presidente di un consorzio di cooperative afferenti al mondo della sinistra, e Massimo Carminati, esponente di punta della destra eversiva romana, snodo tra la malavita organizzata e un mondo di imprese che lucrano sull'erogazione dei servizi pubblici prima gestiti *in house* dalle pubbliche amministrazioni.

Il colpo d'immagine per la capitale d'Italia è devastante. La stampa internazionale titola sulle infiltrazioni mafiose e sul malaffare politico affaristico che domina Roma. Sui periodici campeggia la foto di una cena, che descrive bene il clima politico e culturale che viveva la città. Alla stessa tavola siedono il sindaco Gianni Alemanno, il capogruppo dell'opposizione capitolina Pd, Umberto Marroni, accompagnato dal padre Angelo – storico dirigente politico della sinistra –, poi Giuliano Poletti, presidente della potente organizzazione delle imprese cooperative e successivamente ministro nel governo presieduto da Matteo Renzi, e infine Salvatore Buzzi. Completano il quadro alcuni esponenti della malavita romana. Dall'inchiesta emerge una oggettiva contiguità tra i due schieramenti di centrodestra e centrosinistra.

L'azione della giunta Marino subisce un colpo irrimediabile. Non perché il sindaco sia in qualche modo riconducibile alla vicenda, ma l'arresto di un suo assessore, del presidente del Consiglio comunale e del presidente del Municipio di Ostia ne incrinano l'immagine e ne delegittimano l'azione amministrativa. Il sindaco tenta di superare la crisi istituendo un nuovo assessorato alla legalità, che viene affidato a un magistrato del pool antimafia di Palermo, Alfonso Sabella. Ma, a dimostrazione della forza preponderante degli interessi economico affaristici, è lo stesso partito di riferimento di Ignazio Marino, il Partito democratico, a decretare la fine prematura dell'esperienza amministrativa romana. I consiglieri di maggioranza vengono convinti a sottoscrivere la sfiducia al sindaco, non nell'aula Giulio Cesare, luogo istituzionale in cui far emergere dissensi o differenze di vedute, ma nella stanza di uno studio notarile. Un fatto inedito, che sottolinea la crisi istituzionale capitolina. Evidentemente non era nell'aula Giulio Cesare che si dovevano dibattere le questioni del governo urbano e del malaffare imperante, ma nel chiuso di una politica maleodorante e collusa con il sistema economico che si era arricchito alle spalle della città.

Ma anche nel campo dell'urbanistica la stella del sindaco Marino si era incrinata irrimediabilmente. Nell'estate del 2014 vola a New York per incontrare il presidente dell'As Roma, James Pallotta, finanziere statunitense. Da oltreoceano annunciano in conferenza stampa che nell'area di Tor di Valle, a sud-ovest di Roma, verrà realizzato il nuovo stadio della Roma, utilizzando una legge dello Stato che consente alle società professioniste di costruire impianti privati. I contenuti del progetto sono però ben differenti dal quadro di un semplice stadio e ci riportano ai nodi irrisolti dell'urbanistica italiana. Le amministrazioni pubbliche non hanno alcuna risorsa economica per guidare lo sviluppo urbano, e l'area di Tor di Valle non presenta le caratteristiche urbanistiche indispensabili per poter sostenere l'impatto di un nuovo impianto sportivo che nelle giornate di grande afflusso richiama cinquantamila spettatori e almeno trentamila autoveicoli.

Lo stadio della Roma diventa così l'ennesima occasione di urbanistica concertata: da un lato vengono elencate le opere pubbliche necessarie al funzionamento dello stadio, dall'altro vengono dimensionate le volumetrie, per mettere in equilibrio il bilancio economico della proposta. Il progetto prevede la realizzazione di 950mila metri cubi di edifici per uffici e commercio, configurando la più grande variante urbanistica degli ultimi decenni di vita della capitale.

Per singolare coincidenza, il voto di approvazione della gigantesca variante urbanistica necessaria a sostenere il progetto viene assunto dal Consiglio comunale di Roma il 14 dicembre 2014, a distanza di sole due settimane dagli arresti eccellenti decisi dalla procura della Repubblica di Roma. La vicenda stadio aggrava la crisi dell'amministrazione Marino, anche per ciò che riguarda il consenso mediatico. La decisione di dare vita a una variante urbanistica così importante sotto il profilo dimensionale ed economico viene naturalmente contestata dai gruppi imprenditoriali concorrenti di Parnasi, attore principale della vicenda stadio e proprietario dei terreni su cui verranno costruiti gli edifici. Il quotidiano locale più diffuso a Roma, *Il Messaggero,* controllato dal gruppo Caltagirone, inizia una decisa campagna stampa contraria alla decisione, decretando l'ulteriore isolamento del sindaco nell'opinione pubblica.

Sotto il profilo dello sviluppo urbanistico iniziano poi a farsi sentire gli effetti della cultura del "piano casa". Sfruttando le pieghe delle possibilità offerte dalle deroghe previste nella legislazione della Regione Lazio, prende ormai corpo un nuovo modo di concepire lo sviluppo urbano, basato non su una coerente visione d'insieme, ma sulla estrema discrezionalità della proprietà fondiaria. Le regole della legge sul piano casa consentono, come noto, di ottenere automaticamente il permesso a costruire a prescindere dalla sussistenza dei requisiti urbanistici dei quadranti urbani in cui ricadranno gli interventi. La sede dismessa della compagnia di bandiera Alitalia, costruita negli anni Ottanta alla Magliana, era stata abbandonata quando erano evidenti i segnali della crisi economica dell'azienda. Oltre duecentomila metri cubi di uffici diventeranno abitazioni grazie alle norme del piano casa: più di tremila nuovi abitanti andranno a vivere in un quadrante privo di rete viaria, di trasporti pubblici efficienti e della dotazione dei servizi sociali che definiscono la vita cittadina. Anche nello storico quartiere di San Lorenzo una parte delle aree ferroviarie dismesse e degli edifici dell'antica dogana ferroviaria, di proprietà di Cassa depositi e prestiti, verranno trasformati in un albergo di lusso per giovani.

La prima sentenza del processo "Mondo di mezzo"

Lo scioglimento prematuro del Consiglio comunale avviene nel luglio 2015 e conseguentemente Roma vive un'altra fase di gestione commissariale. A capo dell'amministrazione viene nominato Paolo Tronca, prefetto di Milano, e gli atti approvati dal pool di tecnici e dirigenti dello Stato chiamati a coadiuvarne l'azione vanno tutti nella direzione di ripristinare regole e procedure. In particolare nel mondo dell'affidamento degli appalti per opere pubbliche viene imposta un'azione che porta, in breve tempo, a una sostanziale trasparenza degli affidamenti d'appalto in sintonia con i provvedimenti nazionali elaborati dalla nuova autorità anticorruzione diretta dal magistrato Raffaele Cantone. Al commissario prefettizio manca però il potere di voltare pagina nell'erogazione dei servizi pubblici, e di avviare, con la necessaria gradualità, l'opera di reinternalizzazione delle funzioni che avevano rappresentato il brodo di coltura del malaffare smascherato dall'inchiesta "Mondo di mezzo". Un compito che necessitava della pienezza dei poteri di orientamento politico che solo una nuova amministrazione legittimata dal voto popolare avrebbe potuto avere.

Il quadro devastante dello stato della città emerge con chiarezza dalla sentenza di primo grado del processo "Mondo di mezzo". Il giudice, pur non riconoscendo l'aggravante della pena in applicazione del reato di associazione mafiosa, riconosce pienamente l'impianto accusatorio costruito dalla procura della Repubblica: amministratori di grande peso istituzionale, dirigenti politici, dirigenti dell'amministrazione nominati discrezionalmente dalla politica, esponenti del mondo delle imprese colluse con la politica e la malavita organizzata che ha compiuto la regia dell'operazione, vengono condannati in modo severissimo per pene complessive di 250 anni.

Tra gli amministratori pubblici ottengono sei anni Mirko Coratti, presidente del Consiglio comunale durante l'amministrazione Marino, e cinque anni il presidente del Municipio di Ostia, Andrea Tassone. Due anni e due mesi vengono inflitti all'ex assessore alla casa, Daniele Ozzimo (Pd). Tra i dirigenti politici spiccano le condanne a undici anni per Luca Gramazio, capogruppo del centrodestra alla Regione Lazio, e rispettivamente a sette e a cinque anni per due dirigenti del Pd romano, Pierpaolo Pedetti e Franco Figurelli. Nel mondo dei dirigenti dell'amministrazione pubblica si segnalano le condanne a sei anni e sei mesi per Luca Odevaine, vice capo di gabinetto durante l'amministrazione Veltroni, e a dieci anni per Franco Panzironi, capo della società di gestione ambientale Ama. Per il mondo delle imprese viene condannato a diciannove anni Salvatore Buzzi, presidente della Cooperativa 29 giugno. Viene infine condannato a vent'anni Massimo Carminati, esponente del mondo criminale legato alla destra eversiva romana.

Dalla sentenza di primo grado del Tribunale di Roma emerge dunque una capitale asfissiata dalla mancanza di regole, dall'occupazione selvaggia dei ruoli chiave dell'amministrazione, dalla politica ridotta a cinica gestione affaristica. Una capitale in cui la stessa democrazia è a rischio poiché l'idea della politica come servizio civico è stata tradita da un consorteria politico affaristica.

La mafia si è fermata a Ostia

La sentenza di primo grado del tribunale di Roma, come accennavamo, non riconosce le aggravanti previste dalle leggi per le associazioni mafiose. Per questo tutti i giornali della destra, in particolare *Il Foglio*, si eserciteranno per tentare di gettare discredito sull'intero impianto accusatorio della procura di Roma. Fa parte della dialettica politica. Ma fa una certa impressione apprendere che dopo pochi mesi, il 26 ottobre 2017, la suprema Corte di cassazione accoglie il ricorso della procura generale di Roma contro la sentenza di appello che aveva fatto cadere l'aggravante mafiosa nei confronti degli imputati del clan Fasciani, uno dei cartelli malavitosi che tiene in pugno da decenni Ostia. Il reato previsto dall'articolo 416 bis «è configurabile anche con riguardo ad organizzazioni che, senza controllare tutti coloro che vivono o lavorano in un certo territorio», osserva la Suprema Corte, «rivolgono le proprie mire a danno dei componenti di una certa collettività, a condizione che si avvalgano di metodi tipicamente mafiosi e delle conseguenti condizioni di assoggettamento e di omertà». Una differenza difficile da comprendere. A Roma la mafia non esiste secondo la sentenza di primo grado, o quanto meno non ha costruito un sistema di potere in grado di condizionare l'economia della città. A Ostia sì.

Undici chilometri di costa e decine di stabilimenti che nel corso degli anni hanno fatto scomparire il mare, il tesoro e la dannazione di Ostia. Tesoro per i gruppi che si sono nel tempo divisi la ricca gestione delle concessioni degli arenili. Dannazione per la città che non riesce a risolvere un problema tutto sommato semplice: riportare ordine e bellezza, ricreando il rapporto visivo con il mare, abbattendo muri e cabine spesso abusivi. Su questo ennesimo declino della città pubblica si è costruito negli anni un impero di interessi su cui è prosperata la malavita. Nel luglio 2015 il prefetto di Roma redige una dettagliata relazione sullo stato del Municipio e ad agosto il Consiglio dei ministri lo scioglie per mafia. Ma il problema non è recente. È prosperato per decenni e se la politica avesse avuto il senso etico indispensabile per governare, avrebbe tentato di risolvere un problema noto fin dagli anni Novanta, come ricorda Paolo Fallai, uno dei migliori giornalisti romani:

Il 18 agosto si svolgerà una manifestazione contro la mafia sul pontile di Ostia. Sembra una notizia di oggi, ma quella manifestazione si è svolta nel 1992 ventitré anni fa. Ed è ormai un quarto di secolo che si parla delle infiltrazioni della criminalità sul litorale romano.

Sarebbe facile proseguire citando gli allarmi pubblici lanciati fin dal 2013 dal procuratore capo Giuseppe Pignatone molto prima che l'inchiesta Mafia capitale arrivasse a sconvolgere il Municipio di Roma che affaccia sul mare. È un fatto che ci troviamo di fronte ad anni di denunce sottovalutate: quelle dei cittadini, quelle delle forze dell'ordine, perfino quelle emerse dalle ripetute inchieste della magistratura.[30]

Le case di Mafia capitale

Nel processo Mafia capitale c'è posto anche per il capitolo sull'edilizia, o meglio sul legame tra il sistema di erogazione dei servizi pubblici e il mondo del mattone. Il costruttore Cristiano Guarnera, condannato nel processo di primo grado a quattro anni di reclusione, durante una deposizione spontanea ha affermato che Carminati lo aveva contattato per avere in affitto un residence di sua proprietà a Selva Candida (periferia ovest della città), da utilizzare per l'emergenza abitativa. Anche Bernardino Marronaro, importante operatore edilizio nella capitale, interrogato nel processo, ha confermato il meccanismo. Fu contattato da Carminati e affittò quaranta alloggi e un hotel, nel quartiere di Ponte di Nona (estrema periferia orientale), alle cooperative di Buzzi, per sistemarvi persone in emergenza abitativa.

Tocchiamo con mano la degenerazione delle funzioni pubbliche imposta dal neoliberismo. Il Comune affida al mondo delle cooperative che ruotano intorno a Buzzi il compito di

---

30   Paolo Fallai, "Ostia e le mafie, ormai da 25 anni", in *Corriere della Sera*, edizione romana, 8 agosto 2015.

risolvere l'emergenza abitativa pur avendo a disposizione immobili pubblici inutilizzati che potrebbero risolvere il problema. Il vertice della consorteria cerca sul mercato privato gli immobili da prendere in affitto che nell'attuale congiuntura non mancano: le stime più prudenti sul numero degli alloggi nuovi vuoti parlano di centomila unità. Una volta presi gli accordi, stipula il contratto di affitto a favore della cooperativa che ha in carico l'emergenza abitativa. Il conto lo paga la collettività.

Fino a poco tempo fa era la pubblica amministrazione che poteva muoversi per risolvere i problemi abitativi. L'ideologia dominante degli ultimi decenni ha deciso di rendere le pubbliche amministrazioni marginali e di imporre l'esternalizzazione di funzioni che venivano svolte *in house*. Molte società d'intermediazione sono libere di contendersi il ricco bottino e, anche se non si raggiungono i livelli di malaffare romano, è inevitabile che la collettività spenda cifre superiori al passato, perché deve calcolare nel costo di erogazione del servizio anche il loro utile d'impresa.

Capitolo tre

Le macerie fisiche e umane della città privatizzata

La città abbandonata

Il primo turno delle nuove elezioni comunali si svolge il 5 giugno 2016 e nel ballottaggio del 19 giugno viene eletta Virginia Raggi, esponente del Movimento Cinque stelle, che capitalizza il sentimento di condanna verso i due partiti che avevano fatto parte della consorteria che ha distrutto la città pubblica. Questa devastazione è stata insieme la causa della vittoria del Movimento Cinque stelle e la terribile eredità, andava perciò affrontata con decisione e chiarezza di idee.

La devastazione ha avuto la sua ragion d'essere nell'errore di prospettiva con cui è stato affrontato il governo urbano nei vent'anni precedenti. Fino all'emergere della crisi del 2008, tutte le proposte dei privati sono state accettate dalle amministrazioni capitoline nella convinzione che solo l'iniziativa privata fosse in grado di cambiare la città. Le amministrazioni pubbliche si sono limitate a un ruolo notarile, di acritica accettazione, convinte che il motore della valorizzazione urbana avrebbe garantito il buon fine di ogni progetto.

L'offensiva contro l'urbanistica pubblica ha distrutto uno dei più ragionevoli strumenti di programmazione dello sviluppo urbano, il "Piano poliennale di attuazione", istituito con la legge Bucalossi nel 1977. Era un modo intelligente per programmare la sequenza temporale degli interventi sullo scacchiere urbano così da massimizzare gli effetti sistemici di realizzazione di opere infrastrutturali e di servizi di trasporto urbano. Ma fu uno dei primi tributi pagati sull'altare della famelica speculazione fondiaria. Il primo governo Berlusconi lo abrogò dal panorama legislativo: la città doveva essere un campo protetto di scontro tra privati. La ripresa del mercato edilizio fu dunque segnata dalla casuale sommatoria di interventi privatistici.

Fino al 2008 questo processo ha funzionato grazie alla valorizzazione fondiaria che si era messa in moto. È noto che i valori immobiliari sono aumentati esponenzialmente proprio a partire dal 1995 e tale aumento ha consentito il funzionamento del meccanismo dell'urbanistica contrattata: si accettavano le più disparate proposte poiché ogni volta il proponente metteva sul piatto della bilancia un pacchetto di opere pubbliche che le amministrazioni locali non potevano più permettersi a causa dei tagli ai bilanci. I margini di acquisizione di rendita parassitaria erano così elevati che divenne naturale abolire ogni forma di governo pubblico del territorio. Tutto sarebbe andato a buon fine perché il motore della rendita non si sarebbe fermato mai.

Questa impostazione ha avuto effetti devastanti sull'assetto urbano di Roma e di tutte le città italiane. Nella capitale sono diciannove le grandi proposte di trasformazione rimaste incompiute nonostante su di esse si fosse puntato per la rinascita della città, almeno sessanta i quartieri periferici incompiuti, e quaranta i parchi urbani abbandonati a seguito dello scandalo dei "Punti verde qualità". L'urbanistica contrattata che ha privatizzato Roma lascia dunque un cumulo di macerie fisiche e umane in termini di vivibilità, socialità e benessere urbano. E per sanare queste ferite l'unica soluzione era ed è quella di tornare a esercitare le prerogative pubbliche di governo delle città.

La "valorizzazione" pubblica fallita

La vicenda delle Torri dell'Eur disegnate dell'architetto Ligini è il paradigma del fallimento della cultura della valorizzazione immobiliare. Quegli edifici affacciano sul laghetto dell'Eur e hanno ospitato per decenni il Ministero delle finanze. Per questo motivo il tentativo del guadagno facile ha un regista molto autorevole, l'allora Ministro Giulio Tremonti.

Quando occupa la stanza di Quintino Sella, propone l'abbandono della sede dell'Eur, la demolizione delle Torri e la loro trasformazione in appartamenti di lusso. Povero Sella, il suo pensiero liberale avrebbe previsto che si costruisse almeno un processo credibile. E invece nulla. Le Torri vengono abbandonate nel 2007 e da allora lo Stato paga l'affitto a due grandi proprietari immobiliari. Con la scusa della valorizzazione abbiamo da quel momento finanziato la rendita urbana con una cifra di oltre cento milioni.

C'è poi un altro elemento da sottolineare. La fermata Eur Palasport della linea B della metropolitana aveva un ingresso dedicato agli impiegati in diretto contatto con i binari. Un esempio raro a Roma, un valido incentivo a lasciare a casa l'automobile e prendere i mezzi pubblici. I due edifici presi in sostituzione non sono serviti da rete su ferro e ciò ha evidentemente favorito l'uso del mezzo privato.

Gli immobili passano di mano, dal demanio pubblico a società pubbliche con un maggior margine di manovra rispetto alla struttura ministeriale. Prima Fintecna e poi Cassa depositi e prestiti provano a concludere l'iter progettuale. Intanto tra le varie pubbliche amministrazioni coinvolte si stipulano protocolli e convenzioni che consentono al Comune di Roma di ottenere sulla carta la plusvalenza di venticinque milioni prevista a valorizzazione conclusa.

Nel 2015 la vicenda sembra concretizzarsi perché Cassa depositi e prestiti stipula con Telecom Italia un accordo per localizzare lì la nuova sede del gruppo. Resta da dirimere la faccenda dei venticinque milioni di plusvalenze previste per il Comune di Roma. Ma, è la tesi di Cassa depositi e prestiti, non essendo più programmata la demolizione degli edifici e la loro trasformazione in alloggi di lusso, nulla è dovuto al Comune. E anche a causa del contenzioso e delle stesse inchieste della magistratura, la Tim, sotto la guida dell'amministratore delegato Flavio Cattaneo, rimette in discussione la firma del contratto. Dopo quindici anni il "gioco dell'oca" torna dunque alla casella di partenza. Intanto, nel cuore del più bel quartiere della modernità del Novecento, i due scheletri vengono ribattezzati – con poco rispetto verso una città che ha conosciuto una guerra terribile – "le torri di Beirut". Per ironia della sorte, nel 2017, Telecom cambia amministratore delegato e la buonuscita riservata a Cattaneo coincide proprio con la somma contesa: venticinque milioni.

In una vicenda così inquietante, c'è almeno la soddisfazione di ricordare che grazie all'azione promossa contro la demolizione delle Torri condotta da due grandi intellettuali che hanno speso la propria vita a difendere la bellezza di Roma – Renato Nicolini e Giorgio Muratore –, i grattacieli verranno conservati, e qualsiasi proposta di riuso dovrà rispettare la memoria storica della città. Un merito enorme dei due grandi architetti.[31]

Del tutto simili sono le vicende della valorizzazione dell'ex Fiera di Roma, localizzata lungo la via Cristoforo Colombo tra il centro storico e l'Eur, e degli ex Mercati generali di Ostiense, a due passi dalla Piramide di Caio Cestio. Nel primo caso, durante la giunta di Walter Veltroni, viene attribuita a quel comprensorio, di circa sette ettari, una cubatura maggiore di quella consentita dal piano urbanistico. C'era infatti da ripianare il debito contratto per la realizzazione della nuova Fiera lungo l'autostrada per Fiumicino, in un luogo sbagliato, privo dei requisiti urbanistici necessari alla riuscita del progetto: le aree pubbliche non servono dunque a rendere più belle le città, servono a coprire i buchi di bilancio provocati dalle malversazioni precedenti. Dall'altro lato della strada, ad esempio, c'è la sede

---

31 La vicenda delle Torri dell'Eur segnò la fine della mia collaborazione con la cronaca romana del *Corriere della Sera*. In un editoriale avevo sostenuto le ragioni contrarie alla loro demolizione e l'allora capo della cronaca mi annunciò telefonicamente che non avrei più scritto su quelle pagine. E così, dopo sette anni, finì la mia collaborazione.

principale della Regione Lazio, che occupa anche molte sedi in tante parti di Roma di cui la collettività paga gli affitti passivi. Un governo pubblico della città avrebbe studiato la realizzazione di un nuovo plesso regionale così da diminuire l'esposizione finanziaria della collettività e creare una sede più moderna, comprensiva dei parcheggi pubblici che oggi mancano. Invece si vogliono costruire appartamenti. Vedremo nel prossimo capitolo che la cancellazione della "valorizzazione" immobiliare era stata uno dei primi risultati concreti raggiunti dall'amministrazione Cinque stelle. Intanto, a distanza di tanti anni dalla dismissione, l'area versa in uno stato di irreversibile degrado.

Anche la storia dei Mercati generali di Ostiense appartiene a questo filone. La vicenda prende il via nel 2001 con la giunta Veltroni quando venne annunciata la nascita del *Covent garden* romano. L'intera proprietà di otto ettari e mezzo, con edifici industriali di grande pregio, è comunale, sarebbe un'occasione preziosa per dimostrare la capacità progettuale del Comune. Si ricorre invece all'iniziativa privata e nel 2005 si svolge il bando di assegnazione alle imprese concorrenti. Vince un progetto firmato dall'archistar di turno (Rem Koolhaas), che prevede che almeno due ettari dell'area costituiscano un parco pubblico per risarcire i vicini quartieri, edificati nel primo dopoguerra dalla speculazione edilizia: in quell'area dove vivono oltre tremila cittadini non esiste infatti neanche un fazzoletto di verde pubblico.

Dal 2008 inizia l'abbandono del progetto e l'area diventa uno dei tanti luoghi del degrado romano. I privati, che avevano sottoscritto la convenzione nel 2006, chiedono di cambiare a loro favore i termini contrattuali, asserendo che, mutate le condizioni di mercato, fosse indispensabile rivedere la proposta. Il comparto immobiliare è dunque l'unico segmento dell'economia sottratto al libero mercato tanto osannato a parole: se le cose vanno bene tutto fila liscio, ma alle prime nubi si cambiano le regole del gioco. Non accade in nessun altro settore dell'economia, dove chi investe senza lungimiranza rischia di rimanere fuori mercato e fallire.

Il quartiere dell'Eur è anche testimone di altri due fallimenti dell'urbanistica privata. Nel periodo della giunta Alemanno si tenta di "valorizzare" l'area del Velodromo olimpico
realizzato nel 1960. Pur di raggiungere lo scopo, quell'opera,
di grande valore storico e architettonico, viene demolita con
una carica di tritolo. Da allora l'area è abbandonata e fonte di
degrado per le abitazioni circostanti.

E non ci si è fermati neppure di fronte alla meravigliosa
realizzazione di Raffaele De Vico, che disegnò il laghetto e il
parco delle cascate da poco riaperto. Il Comune di Roma e
l'Ente Eur approvarono un progetto per la realizzazione di un
parcheggio e di un modesto museo Mediterraneum, un luogo
dove scoprire, solo virtualmente, natura e specie animali mari-
ne. Ecco le sfide che Roma perde per seguire il profilo basso
della speculazione: se Genova incarica Renzo Piano per realizzare il magnifico museo marino, a Roma si costruisce un parcheggio con annessi pesci virtuali.

La spesa pubblica allegra

Lo stadio del nuoto di Tor Vergata è noto ai romani. Il suo
scheletro è visibile da tutti i quadranti urbani e tutti ne conoscono la storia ufficiale, e cioè che una volta finiti i mondiali
di nuoto del 2009 l'opera non è stata più finanziata, e da quasi dieci anni quanto fin qui realizzato per un costo pari a circa
trecento milioni è lasciato all'incuria del tempo. Quell'opera è
tra le ultime finanziate dalla legge per Roma capitale, una legge che aveva creato le condizioni per migliorare la vita urbana.

Pochi sanno che la grande opera è stata realizzata spostan-
do i finanziamenti previsti nel capitolo di Roma capitale per il
prolungamento della Linea B della metropolitana da Rebib-
bia a Casal Monastero. Lo spostamento di bilancio derivava
dal mito degli interventi privati in surroga a quelli pubblici.
In cambio del proseguimento dell'opera è stato stipulato un
contratto con le imprese vincitrici della gara di affidamento

(capogruppo è la Salini Impregilo), che prevede il recupero delle somme da impiegare per la costruzione con volumi edilizi da realizzare su aree comunali. Sui circa cinquecento milioni stimati per la realizzazione della tratta, si poteva contare su un finanziamento pubblico di 167 milioni. Il resto sarebbe arrivato dal meccanismo della valorizzazione immobiliare. A dicembre 2012 c'era stata la firma del contratto e la consegna dell'opera era prevista per il 2017. All'inizio del 2018 tutto è fermo ed è in vista l'ennesimo contenzioso giudiziario.

Durante la giunta Veltroni fu avviata un'altra grande opera, la costruzione del nuovo Centro congressi all'Eur. Il precedente centro congressuale firmato da Adalberto Libera è uno dei capolavori dell'architettura moderna in Italia. Si sarebbe potuta avviare una intelligente ristrutturazione di quel complesso che non rispondeva più ad alcuni requisiti di distribuzione spaziale e di funzionalità. Sarebbe stato un tema di straordinaria valenza culturale: intervenire su un'opera meravigliosa per renderla ancor più bella. La straordinaria bellezza del complesso dei Musei Vaticani è, come noto, il prodotto di questa cultura. Per secoli grandi architetti si sono cimentati con edifici realizzati da autori ancora più bravi di loro e questa incessante opera di miglioramento ha creato il complesso museale più importante del mondo. Abbiamo dimenticato le lezioni della storia urbana e continuiamo a sommare interventi scoordinati tra loro.

Il progetto del nuovo Centro congressi fu affidato a Massimiliano Fuksas. Oltre al finanziamento pubblico previsto, il motore economico dell'operazione venne individuato nella costruzione di un albergo di duemila posti letto che, si sosteneva, sarebbe stato venduto agevolmente. La crisi ha spazzato via le illusioni e l'albergo è in attesa di un acquirente. Intanto la "Nuvola" è stata completata con i soldi pubblici per un costo di 363 milioni e inaugurata il 28 ottobre 2016. Da allora l'enorme sala che contiene milleottocento posti a sedere è rimasta chiusa. E lo sforzo economico per il completamento dell'opera è stato pagato a caro prezzo.

L'Ente Eur, proprietario dell'area e promotore dell'iniziativa per concludere l'opera, è costretto a mettere in vendita gli immobili di proprietà. Nel primo elenco di edifici c'era anche il museo Pigorini, un gioiello della storia della cultura di questa città. Almeno questa follia ci è stata risparmiata. Ma una parte del patrimonio immobiliare dell'Ente Eur è stata acquistata dall'Inail, Istituto nazionale di assistenza per i lavoratori. Per pagare le grandi opere inutili vendiamo il patrimonio pubblico.

E visto che siamo nella capitale dell'abusivismo, quando fu rimossa la recinzione del cantiere si scoprì che l'edificio non aveva rispettato i segni della storia urbana dell'Eur. Per realizzare le strutture di accesso su viale Europa, e cioè l'asse simbolico che collega il polo religioso rappresentato della chiesa dei santi Pietro e Paolo con il polo laico dell'Archivio di Stato, sono stati abbattuti i tigli ormai ottantenni che abbellivano la strada. Impresa realizzatrice, tecnici dell'Ente Eur o del Comune di Roma, centinaia di persone che avrebbero dovuto vigilare sul rispetto della legalità, non hanno visto nulla. La città violentata dall'ignoranza e dall'incuria.

Nello storico quartiere di Tor Marancia, all'interno del complesso pubblico di San Michele – e per questo poco visibile dai cittadini –, esiste uno scheletro in cemento armato abbandonato da oltre quindici anni. Faceva parte di una vicenda di malasanità denominata "Lady Asl", al secolo Anna Iannuzzi, che era riuscita attraverso un sistema corruttivo a divenire un punto di riferimento della sanità romana. Nel periodo di massimo fulgore dell'attività era stato costruito lo scheletro che doveva diventare una clinica. Oggi testimonia il degrado infinito della città.

Anche i compendi immobiliari pubblici dell'ex ospedale psichiatrico di Santa Maria della Pietà e della ipotizzata costruzione del polo degli uffici comunali, Campidoglio 2, nel quadrante Ostiense, sono stati abbandonati a se stessi per mancanza di finanziamenti. Nel primo caso era l'università La Sapienza che avrebbe dovuto riutilizzare i padiglioni. Nel 2010 c'è la rinuncia e ora molti edifici sono transennati perché fatiscenti.

Ad Ostiense, invece, tutto tace, in attesa dell'ennesimo contenzioso legale.

Alla grande incompiuta, la linea metropolitana C, il buco nero che ha inghiottito risorse economiche colossali, dedichiamo infine solo poche righe. Sono molte le pubblicazioni che trattano dello scandalo e alcune puntate di *Report* firmate da Paolo Mondani hanno reso i contorni della vicenda chiari e incontrovertibili.[32] L'opera inizia senza aver deciso in modo formalmente esatto quale sia il capolinea di arrivo. Viene sottoposta a più di venti varianti da parte della società concessionaria. Coinvolge nell'esecuzione anche imprese colluse con i poteri mafiosi. Questa è la capitale d'Italia.

L'albero degli zecchini d'oro non funziona più

Piazza dei Navigatori è un luogo strategico, a metà strada tra il centro storico e l'Eur lungo la via Cristoforo Colombo, ed è stata per quarant'anni l'incompiuta dell'urbanistica romana. Lì sarebbero dovuti sorgere monumentali edifici residenziali per esaltare la forza del regime. A causa della guerra rimasero due ruderi realizzati fino al primo solaio. Strutture invisibili perché coperte dai terreni circostanti e perciò oggetto di ogni sorta di degrado, con occupazioni di sbandati e traffici illeciti. Era dunque indispensabile intervenire per completare quel luogo. La convenzione stipulata con i proprietari prevedeva che a fronte delle realizzazioni previste si sarebbero dovute realizzare alcune opere pubbliche tra cui un sottovia di attraversamento della Cristoforo Colombo.

Da anni una parte degli edifici privati è completata e un edificio è occupato dalla sede di Confcommercio. Delle opere pubbliche non c'è traccia. Complice anche il fallimento di

---

32 Oltre ai numerosi servizi di Paolo Mondani andati in onda su *Report*, si vedano Enrico Nocera, *Metro C. Roma, capitale degli sprechi*, Round Robin, Roma 2015, e la sistematica azione dell'associazione "Calma" di Vittorio Sartogo.

Acqua Marcia, una delle imprese che avevano sottoscritto la convenzione, da dieci anni il cantiere è fermo. Degrado e vandalismi sono aumentati esponenzialmente.

Stesso discorso vale per il complesso delle Terrazze del Presidente di Acilia, nome pretenzioso perché i piani alti vedono in lontananza l'immenso polmone verde della tenuta di Castel Porziano della Presidenza della Repubblica. Negli anni Ottanta furono realizzati numerosi scheletri di edifici da destinare a uffici e attività produttive. Con le forzature regolamentari previste dalla legislazione sul condono, la proprietà (gruppo Pulcini) chiese al Comune di Roma di sottoscrivere una convenzione che, in cambio della possibilità di "regolarizzare" le residenze, avrebbe consentito di ottenere un sottovia di attraversamento della Cristoforo Colombo. Da dieci anni centinaia di alloggi sono stati completati e venduti. Centinaia di famiglie oneste vivono in un perenne cantiere e ogni giorno per immettersi lungo la Cristoforo Colombo passano venti o trenta minuti nel traffico. In attesa che venga realizzato il sottovia.

Lungo la via Flaminia, a Tor di Quinto, fu approvato l'ennesimo cambio di destinazione d'uso da manufatti produttivi in abitazioni proposto dai proprietari (gruppo Bonifaci). Nella convenzione urbanistica erano previste opere pubbliche quali il potenziamento della stazione ferroviaria di Due Ponti e una nuova sede del Municipio. Gli appartamenti sono stati terminati da anni, venduti e abitati da famiglie che si affacciano su una barriera antirumore che attenua malamente l'autostrada urbana della via Flaminia. Le opere pubbliche sono lontane da venire.

A Borghetto San Carlo, lungo la via Cassia, fuori dal raccordo anulare, un altro accordo tra pubblico e privato prevedeva che in cambio di alcuni permessi a costruire, la società Impreme (gruppo Mezzaroma) ristrutturasse un complesso agricolo del Novecento, passato in proprietà del Comune e affidato all'eccellente cooperativa agricola Coraggio. Inutile dire che la parte privatistica è stata realizzata e che solo da qualche mese sono iniziati i lavori di recupero.

All'Alberone, quartiere della periferia storica orientale, esisteva un deposito di materiale rotabile della Stefer, la società che gestiva le linee tramviarie periferiche. L'area viene privatizzata per realizzare un centro commerciale. In cambio è prevista la realizzazione della sede del mercato pubblico che occupa, degradandole, le strade vicine. Dal 2014 il centro commerciale Happio, realizzato dal gruppo Mezzaroma, è funzionante, mentre l'edificio destinato al mercato è ancora incompleto.

Sempre in tema di depositi delle società di trasporto è da richiamare il caso della privatizzazione dell'immobile di via della Lega Lombarda dell'Atac. La vendita avviene a favore dell'impresa Parsitalia (la stessa dello stadio della Roma) e in cambio è prevista la costruzione di una biblioteca pubblica e altri servizi. Gli alloggi sono stati realizzati e venduti anche sacrificando alcuni straordinari ritrovamenti archeologici. La parte pubblica non c'è e l'area è ancora parzialmente transennata. Un esempio di degrado in una zona centralissima a pochi passi dall'Università La Sapienza e dalla nuova stazione Tiburtina.

Le mani sull'edilizia residenziale pubblica

A seguito della citata sentenza della Corte costituzionale n. 5/80 che ha limitato la possibilità del ricorso agli espropri, la scelta delle aree dove realizzare i nuovi quartieri non è avvenuta più sotto la regia pubblica ma è stata lasciata alla contrattazione tra proprietà fondiaria e operatori edilizi. Il cartello di imprese e cooperative che domina questo settore ha individuato con il consenso dell'amministrazione pubblica decine di nuovi insediamenti ubicati senza logica complessiva sull'intero scacchiere urbano a scapito della razionalità, delle economie di gestione e della vivibilità.

Un esempio paradigmatico viene da Piansaccoccia, un toponimo ubicato circa dieci chilometri dopo il raccordo anulare, lungo la strada che porta al lago di Bracciano. Un luogo a valenza agricola è diventato un quartiere residenziale che ospita centinaia di famiglie. I privati hanno realizzato le case e qualche opera di urbanizzazione. Alla collettività spetterà per sempre l'onere di erogare i servizi di collegamento urbano, la raccolta dei rifiuti, garantire la pubblica illuminazione. Ricchezza privata mentre il Comune va in default.

Intanto è caduta anche la retorica per cui i quartieri sarebbero stati realizzati a costo zero per la collettività attraverso la riutilizzazione degli oneri di urbanizzazione. Molti nuovi quartieri versano per mancanza di risorse pubbliche in uno stato di gravissimo degrado, con strade mai concluse, illuminazione pubblica assente o carente, allagamenti e disagi. Solo alcuni esempi: Monte Stallonara alla Pisana, Castel Verde sulla Prenestina. Migliaia di famiglie che vivono in una intollerabile condizione.

Non bastasse lo scempio urbanistico, nel comparto dell'edilizia residenziale pubblica si è aggiunto anche un vergognoso mercato delle "migliorie" edilizie, un espediente che ha fatto lievitare i costi dell'edilizia residenziale pubblica a valori molto simili a quelli privati. Ovviamente, nessun controllo da parte dell'istituzione comunale e un silenzio complice dalla politica. Indagini della magistratura stanno portando ai primi rinvii a giudizio e le notizie che trapelano parlano di un trasferimento di ricchezza dalle famiglie assegnatarie e dal Comune di Roma alle imprese realizzatrici di una cifra impressionante: tre miliardi di euro.

Parchi pubblici e bellezza negati

Uno degli strumenti derogatori per cui Roma è diventata famosa è l'istituto della "compensazione urbanistica". Vuol dire che in cambio della cessione alla collettività di aree irrinunciabili sotto il profilo urbanistico o ambientale, il Comune consente ai proprietari di quei comprensori di trasferire le cubature che avrebbero potuto realizzare in altri comprensori. La norma nacque per realizzare il parco di Tomarancia, splendido esempio di campagna romana adiacente all'Appia antica: fu l'ultima battaglia di Antonio Cederna e salvaguardò duecento ettari di terreno. Le volumetrie sono state trasferite – con un enorme incremento – in altri luoghi. Gli alloggi sono stati realizzati, ma il parco di Tor Marancia è ancora un sogno per i cittadini. Identico discorso per il parco delle Sabine, polmone verde nel quartiere della Bufalotta ancora non completato.

Il caso del parco di via della Primavera è appena differente. I circa ottanta ettari compresi tra i binari ferroviari e l'autostrada per l'Aquila dovevano essere ceduti al Comune di Roma per realizzare un parco pubblico in base alla convenzione stipulata con le Ferrovie dello Stato per il potenziamento del nodo ferroviario della capitale. Da anni Fs chiede di cedere quelle aree ma il Comune di Roma non le prende in carico perché non ha risorse per progettare e realizzare il parco. Le Fs, peraltro, sono ancora inadempienti nell'aprire alla popolazione il parco di Pietralata, ottanta ettari, previsto in cambio della trasformazione del complesso della stazione Tiburtina. E, ancora, per la mancata apertura ai cittadini del parco di Villa Blanc, che pur essendo stata acquistata dall'Università Luiss è destinata dal piano urbanistico a verde pubblico e deve pertanto diventare patrimonio di Roma.

E infine, c'è la amara vicenda di Castel di Guido: duemila ettari di terreni pubblici di grande pregio ambientale e paesistico su cui insistono antichi borghi agricoli, e che fino a poco tempo fa erano coltivati. Sulle aree esistono importanti reperti scavati dalla soprintendenza. Un paradiso, insomma. La proprietà è della Regione Lazio, che lascia in abbandono un bene collettivo potenzialmente fonte di lavoro per molti giovani.

Oltre ai parchi negati, l'urbanistica privatizzata ci ha donato bruttezza e privazione. Del caso degli alberi di viale Europa all'Eur abbattuti per fare posto ad un'autorimessa abbiamo parlato. L'assalto al patrimonio storico e culturale della città può essere invece esemplificato dalla realizzazione, in sede di restauro di un edificio ottocentesco da parte del gruppo Benetton, di una cupola in vetro e metallo nata sui tetti del tridente romano a pochi passi da piazza del Popolo. Il progetto dell'architetto Fuksas ha previsto il piano aggiuntivo per realizzare un ristorante sui tetti di Roma. Del resto, quindici anni fa fu sacrificato il progetto unitario di piazza Esedra, frutto del primo concorso internazionale di Roma capitale (1888) e si consentì alla catena alberghiera Boscolo di sopraelevare di un livello uno dei due edifici storici. Del resto, sono le stesse logiche di valorizzazione immobiliare che hanno permesso di alterare la struttura del Fondaco dei Tedeschi a Venezia.

Il potere senza regole dell'economia dominante non si ferma neppure nella sottrazione di spazi pubblici. Il gruppo Fendi ha preso in affitto dall'Ente Eur lo storico Palazzo della Civiltà del lavoro. È indubbio che il restyling e le nuove frequentazioni abbiano riportato un po' di luce all'edificio. Dispiace che questo fatto positivo sia tuttora accompagnato dalla mancata restituzione alla collettività di un grande parcheggio pubblico e della scenografica scalinata che dagli spalti del palazzo guardava la valle del Tevere. Recinzioni di vario genere impediscono ancora di restituire alla città quegli spazi.

I "Punti verde qualità"

Nella seconda metà degli anni Novanta prendono il via i "Punti verde qualità", un meccanismo di partenariato pubblico-privato che nel periodo del sindaco Rutelli viene messo a punto per riqualificare gli impianti sportivi pubblici. La penuria di finanziamenti imposta dai tagli di spesa viene presa a pretesto per giustificare il provvedimento. E così attraverso un bando pubblico si affida a società e imprese la progettazione delle opere necessarie a rendere fruibile l'area sportiva.

Un vespaio di imprese improvvisate e spesso vicine alla politica si getta sull'occasione senza che venisse mantenuta una rigorosa regia pubblica dell'operazione. La perdita per il

Comune di Roma è incalcolabile. Delle oltre cinquanta aree affidate per un totale di oltre quattrocento ettari, infatti, solo poche sono funzionanti. Per almeno quaranta di esse, durante le fasi dei lavori sono stati commessi gravissimi abusi: in alcuni casi sono funzionanti supermercati e ristoranti. Se non bastasse, nelle convenzioni di affidamento redatte evidentemente da bravi avvocati di parte, toccava al Comune di Roma garantire le fidejussioni indispensabili agli operatori per ottenere finanziamenti. I soldi andavano ai privati che compivano abusi e le garanzie erano a carico della popolazione romana: il buco di bilancio è di circa 350 milioni.[33]

E sono molte le aree che versano in un degrado inaccettabile, come nel caso di Acilia Madonnetta, o che, chiuse da anni, hanno subito anche il proditorio taglio di alberi storici, come a Villa Massimo.

Il recupero della città abusiva

Roma è la capitale dell'abusivismo. Nel 1965 con l'approvazione del nuovo piano regolatore vennero legalizzate quarantaquattro borgate che occupavano 3.800 ettari, sorte senza nessuna autorizzazione durante il fascismo. Nel 1976-1977 vennero perimetrate e avviate alla legalizzazione ottantadue ulteriori borgate, per una estensione di oltre 3.100 ettari, sorte nel periodo di massima crescita demografica della città. Nel periodo 1997-2000 fu infine decisa la legalizzazione di ulteriori novantasei nuclei abusivi con una procedura che apriva ai privati la fase della stessa redazione dei piani di recupero.

Il pretesto venne dalla complessità della redazione dei piani di recupero delle ottantadue borgate, che aveva comportato

---

33 La sistematica ricostruzione dello scandalo è stata redatta da Alfonso Sabella, *Capitale infetta. Si può liberare Roma da mafia e corruzione*, Rizzoli, Milano 2016. Sabella è magistrato e ha fatto parte dal dicembre del 2014 della seconda amministrazione guidata da Ignazio Marino. La documentazione sistematica sulla vicenda è contenuta sul sito www.carteinregola.it.

tempi molto lunghi, e si decise pertanto di affidarsi ai privati. E chi meglio degli stessi lottizzatori abusivi poteva garantire l'esito del percorso amministrativo? La capitale d'Italia affidò dunque ai lottizzatori abusivi riuniti in consorzio la perimetrazione e la valorizzazione delle aree necessarie al recupero urbanistico. Un altro colossale affare economico andava a ingrassare i bilanci di imprese private e oggi, finita la sbornia della valorizzazione immobiliare, molte aree languono nell'abbandono.[34]

Parcheggi a via Giulia

Il degrado della città privatizzata non si ferma alla periferia. Basta vedere l'abbandono delle realizzazioni sul lungotevere Arnaldo da Brescia o sul Ponte Umberto I. E poi basta andare a vedere lo stato di via Giulia, in cui attraverso la realizzazione del piano urbano dei parcheggi si è creato un degrado senza fine. La scelta di via Giulia aveva già provocato molte critiche, perché l'obiettivo vero sarebbe dovuto essere allontanare le auto dal centro e non attirarle. L'opposizione al parcheggio si allarga quando, nel 2011, nell'eseguire gli scavi vengono scoperti i resti delle stalle dell'imperatore Augusto.

L'impresa realizzatrice (società Cam) riesce a superare il vincolo e costruisce un parcheggio più piccolo per dimensioni rispetto all'originario progetto. Un comitato di cittadini guidato da Gaia Pallottino scopre che qualcosa non va negli elaborati progettuali approvati dal Comune: esiste una difformità nelle quote di realizzazione del manufatto. Ancora oggi siamo nel pieno del contenzioso giudiziario e da oltre dieci anni i cittadini, gli studenti del liceo Virgilio e i turisti conoscono il degrado

---

34 L'elenco completo delle località abusive e della serie di provvedimenti tecnico amministrativi posti in essere per il loro recupero si trova in Italo Insolera, *Op. cit.*, cap. xxv. I risvolti economici dell'operazione di recupero affidata ai consorzi degli abusivi sono contenuti nella puntata di *Report* "I consorziati" di Claudia Di Pasquale, andata in onda il 29 aprile 2012.

nel cuore della città meravigliosa, e comunque quel luogo storico resterà alterato per sempre.

Con le operazioni di affidamento ai privati dei parcheggi il settore immobiliare guadagna fortune, mentre il Comune riceve scarsi benefici. I valori di vendita di un box in una zona urbana centrale viaggiavano prima della crisi intorno ai centomila euro. Realizzare box fa incassare milioni, mentre gli oneri concessori da pagare sono modesti. E anche sulla qualità delle realizzazioni sarebbe da aprire un altro capitolo, basta vedere come sono state maltrattate alcune belle piazze della Roma d'inizio Novecento, come piazza Melozzo da Forlì o Gentile da Fabriano, per verificare che l'operazione parcheggi è stata fallimentare per l'amministrazione pubblica.

Quella dei parcheggi romani è dunque una vicenda emblematica dell'urbanistica nazionale: le pubbliche amministrazioni soccombono di fronte allo strapotere delle imprese e non controllano neppure qualità e localizzazioni. Viale Leonardo da Vinci, ad esempio, era una bella strada della prima periferia romana adiacente alla basilica di San Paolo. Due corsie di marcia per ogni senso, divise da una larga zona alberata con essenze arboree che fornivano bellezza ai luoghi. Su un lato della strada insistono scuole e servizi pubblici: in ogni altra città europea quel luogo sarebbe lasciato così com'è, semmai migliorando la qualità della manutenzione. Invece lo *square* centrale viene chiuso per costruire un parcheggio originariamente previsto in un'altra zona. L'opposizione da parte dei cittadini che vedono aprire un cantiere senza nessun processo di coinvolgimento provoca il blocco dei lavori, e il degrado per tutti i bambini che frequentano la scuola è assicurato.

La manutenzione urbana che non esiste più

C'è infine il degrado diffuso, quello che colpisce tutta la popolazione quando si sposta e trova le strade sconnesse, piene di buche pericolose specie per chi viaggia in motorino, e con segnaletica obsoleta. Quando sale su bus pubblici vecchi e malandati. Quando nelle ore di punta attende le metropolitane per sei-otto minuti (linea B) e oltre quattro minuti (linea A). Gli edifici scolastici dovrebbero abituare i giovani al rispetto e al decoro e invece mancano di manutenzione straordinaria da decine di anni. E infine le case pubbliche in cui non si spendono più soldi come si dovrebbe. Muri scrostati, corpi scala vandalizzati, ascensori perennemente guasti che costringono anziani e portatori di handicap a chiudersi nella solitudine delle mura domestiche. Ecco dove ci ha portato la cultura della privatizzazione delle città.

Ma il "degrado" sta altrove: la legge Minniti

La privatizzazione delle città ci lascia oltre venti cantieri abbandonati e centotrenta aree urbane da completare, come si vede nel quadro di sintesi. Un degrado urbano senza fine che genera un sentimento diffuso di impotenza. Una città che sembra non reggere più la sfida del rinnovamento e dello stesso rispetto della dignità delle persone. Se vogliamo superare questo baratro dobbiamo riportare il governo delle città nelle mani pubbliche: era questo il compito che avrei dovuto svolgere come assessore all'urbanistica.

Un compito difficile che si poteva tentare anche con l'aiuto dei mezzi di comunicazione, che avrebbero dovuto richiamare l'opinione pubblica sulla realtà di una città abbandonata. Ma nulla di tutto quanto abbiamo narrato finora occupa – se non sporadicamente – le cronache della grande stampa di informazione che invece è generosa nell'evidenziare il "degrado" di chi mangia un gelato sulla scalinata di Trinità dei Monti, di chi occupa edifici abbandonati perché non ha altra abitazione o di chi paga affitti modesti per case comunali tanto centrali quanto fatiscenti. Tutte questioni che sarebbero da affrontare se non si oscurasse il degrado centrale di Roma, quello di una città senza governo pubblico. Eppure, una nuova cultura fatica a emergere e anche a livello legislativo nazionale si insiste a criminalizzare questi comportamenti costruendo leggi mostruose.

Il 18 aprile 2017 il governo di centrosinistra guidato da Paolo Gentiloni approva la legge n. 48 recante disposizioni in materia di "sicurezza delle città". L'articolo 8, che varia l'articolo 50 della legge sull'ordinamento delle autonomie locali, prevede che nei casi di riconosciuto degrado il sindaco assuma poteri speciali: «Le medesime ordinanze sono adottate dal sindaco, quale rappresentante della comunità locale, in relazione all'urgente necessità di interventi volti a superare situazioni di grave incuria o degrado del territorio, dell'ambiente e del patrimonio culturale o di pregiudizio del decoro e della vivibilità urbana, con particolare riferimento alle esigenze di tutela della tranquillità e del riposo dei residenti». Il risultato è che, come accennato, durante le festività di Natale il sindaco di Lecco ha emesso un'ordinanza che ha addirittura impedito alle associazioni di volontariato di distribuire pasti caldi ai senza tetto che dormono per strada.

La città del deserto sociale e dei senza tetto

La cultura dell'abbandono del governo delle città produce anche le occupazioni di edifici, da anni unico modo per migliaia di persone per non dormire sui marciapiedi. In centro come in periferia, immigrati, giovani, nuclei familiari più esposti alla crisi sono stati costretti dalla mancanza di sensibilità e di politiche appropriate a occupare edifici abbandonati pubblici e privati e a viverci dentro nella più assoluta mancanza di sicurezza e decoro. La cecità della politica nazionale che abbiamo evidenziato sopra continua a seminare rancori e divisioni, e invece di chiedersi quali siano le cause che hanno creato un fenomeno così doloroso che obbliga migliaia di famiglie a una vita precaria e priva di dignità si continua a ignorare il problema della gravissima carenza di abitazioni popolari. Non ci si chiede insomma perché i nuovi poveri siano costretti a occupare e vivere in condizioni di intollerabile incertezza. L'unico problema di cui si parla sono gli sgomberi.

Sgomberi che potrebbero essere effettuati – specie per gli edifici di proprietà privata – senza tensioni sociali se ci fosse una soluzione alternativa. Nei paesi dell'Europa occidentale come la Germania, che hanno scelto di recente una coraggiosa linea di accoglienza dell'immigrazione dai paesi mediorientali devastati dalle guerre, hanno sistemato un intero aeroporto dismesso per alloggiarvi temporaneamente i rifugiati. Lo sgombero di piazza Indipendenza mostra la distanza che dobbiamo colmare con questi paesi: ottocento persone scacciate senza avere alcuna alternativa, neppure temporanea, mentre sull'altro piatto della bilancia ci sono centinaia di edifici pubblici abbandonati e lo stesso Stato centrale fatica ad affidare ai Comuni le caserme che non servono più.

Sempre sulla base di un identico malinteso concetto di legalità prima la giunta guidata da Ignazio Marino e poi il commissario prefettizio Tronca hanno elevato gli importi degli affitti a carico dell'associazionismo sociale e no profit. Alle associazioni meritorie nella storia sociale di Roma, come il Telefono azzurro, o molti centri anti violenza contro le donne, sono state inviate richieste di pagamento di cifre insostenibili. E per molte di esse è iniziata la procedura di rilascio forzoso. Le sedi di queste associazioni sono spesso, in particolare in periferia, gli unici luoghi di evoluzione sociale, di creazione di segmenti di comunità. Spesso sono l'unico presidio di socialità in luoghi deserti dove regna l'individualismo, ma pur di applicare le ricette neoliberiste non ci si ferma di fronte a nulla. È il "mercato" senza regole che distrugge le città.

Il periodo della privatizzazione ci restituisce una città abbandonata nei servizi pubblici come nelle strade e nelle piazze. Una città sempre più impoverita dove aumentano le disuguaglianze, come evidenzia la recentissima indagine promossa dalla Caritas, che mostra come la percentuale delle famiglie in povertà assoluta sia aumentata nel periodo 2014-2016 dal 5,7 al 6,3%.[35] Una città che vede il centro storico fagocitato da un turismo di massa incontrollato e dalla contemporanea sottrazione del patrimonio abitativo proprio per soddisfare una domanda crescente. Sono oltre ventimila i bed & breakfast aperti a Roma, una quantità enorme, spesso abusiva, comunque fuori dal controllo di ogni regola pubblica. Città come Parigi, Berlino o Barcellona, che pure hanno una minor quantità di queste attrezzature private, tentano di governare questo segmento dell'economia. Da noi vince ancora la cultura del *laissez faire*, e con lei le forze primordiali e meno qualificate dell'economia.

---

35 Caritas Roma, *La povertà a Roma: un punto di vista*, Roma 2017. Oltre ad una completa analisi dello stato della società romana, lo studio restituisce anche le differenze tra le varie zone geografiche della città da cui emergono profonde differenze sociali e reddituali tra l'area centrale e i quartieri dell'estrema periferia. In particolare due municipi dell'estrema periferia presentano un reddito medio familiare di valore inferiore alla metà di quello della parte storica della città (I e II municipio).

**Roma abbandonata. Le grandi incompiute
della città privatizzata. Quadro di sintesi:**

Il fallimento
dell'urbanistica
contrattata

Piazza dei Navigatori
sulla Cristoforo Colombo

Terrazze del Presidente
ad Acilia

Borghetto San Carlo
sulla via Cassia

Ex deposito Atac
di via della Lega Lombarda

Il mercato comunale
di Casal Bertone

Tor di Quinto al Flaminio

Ex deposito Stefer all'Alberone

Le valorizzazioni
immobiliari fallite

Torri del Ministero delle finanze
all'Eur

Ex Fiera di Roma
di via Cristoforo Colombo

Ex Mercati generali di Ostiense

Ex Velodromo olimpico all'Eur

Museo Mediterraneum all'Eur

I parchi pubblici
e la bellezza negata

Tor Marancia

Via della Primavera

Castel di Guido

Parco delle Sabine

Parco Fs di Pietralata

Mancata apertura di Villa Blanc

Viale Europa alterato con
l'abbattimento dei tigli storici

Parcheggi dell'Eur,
Palazzo della Civiltà del Lavoro

I parcheggi
del degrado

Via Giulia

Viale Leonardo da Vinci

Lungotevere
Arnaldo da Brescia

La truffa dell'edilizia residenziale pubblica privatizzata

Quartieri da completare nella parte pubblica:

Castel Verde

Piansaccoccia

Monte Stallonara

Lunghezza

Torresina

Colle Fiorito

Tor Vergata

Le risorse pubbliche che non ci sono più

La clinica di lady Asl a Tormarancia

Piscina olimpica a Valco San Paolo

Ex ospedale psichiatrico Santa Maria della Pietà

Stadio del nuoto a Tor Vergata

Auditorium dell'Eur

Linea C della metropolitana

Campidoglio 2

I consorzi degli abusivi recuperano le borgate abusive

Circa cinquanta nuclei da completare nella parte pubblica

L'inganno dei Punti verde qualità

Quaranta aree con edifici pubblici da risanare e completare

Capitolo quattro

7 luglio - 16 dicembre 2016. Da "onestà onestà" all'arresto di Marra

Onestà onestà

Mi risuona ancora nelle orecchie quello slogan gridato con grande convinzione dall'intera aula Giulio Cesare nel giorno dell'insediamento della nuova giunta Raggi. È presente lo stato maggiore dei parlamentari romani del Movimento e i ventinove consiglieri – una maggioranza così numerosa non si era mai vista in Campidoglio – sembrano in grado di incarnare la grande discontinuità attesa dalla città. Volti puliti e pieni di entusiasmo.

La vittoria di Virginia Raggi nel ballottaggio del 19 giugno 2016 è stata schiacciante. Agli occhi degli elettori romani il Partito democratico e il centrodestra, che con i loro comportamenti avevano permesso l'affermazione della corruzione generalizzata, dello sperpero di risorse pubbliche fino ad approdare alle infiltrazioni mafiose, non erano più credibili. I Cinque stelle hanno dunque beneficiato del severo giudizio degli elettori sui responsabili del disastro di una città indebitata oltre misura e senza nessuna idea per uscire dal declino. Quello stesso elettorato ha ben chiaro che mancano, al Movimento, l'esperienza e le personalità adatte a governare una metropoli difficile, ma la domanda di novità che permea la città prevale rispetto a questi rispettabili dubbi.

La giunta eletta il 7 luglio nella prima seduta del Consiglio comunale sembra in grado di fornire le risposte giuste all'esigenza di novità richiesta. Marcello Minenna è uno degli economisti più stimati a livello nazionale, e diventa assessore al bilancio e alle partecipate. Chi scrive, profondo conoscitore dei problemi urbanistici di Roma e sostenitore del ritorno all'urbanistica pubblica, diventa assessore all'urbanistica e ai lavori pubblici. In quei giorni i Cinque stelle offrono a Tomaso Montanari, stimata figura di storico dell'arte, il ruolo di assessore alla cultura. Non se ne fece nulla a causa della rinuncia di Tomaso, ma è la dimostrazione di un'interessante apertura verso la società civile e le migliori competenze.

A Minenna si deve poi di aver contribuito con il suo peso a completare la compagine di governo, coinvolgendo un personaggio come Maria Carla Raineri per fare il capo del gabinetto del Comune. La Raineri è magistrato della Corte d'appello di Milano e ha fatto parte del gruppo di lavoro prefettizio presieduto da Paolo Tronca, portando Roma fuori dall'inchiesta "Mondo di mezzo". Il gruppo dirigente dei Cinque stelle in quel ruolo avrebbe voluto Daniele Frongia, nella vita tecnico informatico all'Istat, con poca dimestichezza con leggi e procedure. Ma Frongia non può ricoprire quel ruolo e viene nominata la Raineri.

Ma il clima del 7 luglio purtroppo dura solo due mesi e alla fine di agosto l'esperienza della giunta civica viene già distrutta alla base.

In quei due mesi, mentre il mondo degli affari romano non si era ancora ripreso dal colpo subito con le elezioni del 2016, arrivano segnali di evidente discontinuità con il passato. Marcello Minenna aggredisce, con una capacità di lavoro impressionante, il nodo del debito e apre una serie di dossier, il primo dei quali riguarda la ricontrattazione dei tassi debitori applicati dagli istituti di credito verso il Comune di Roma. È un punto centrale, perché gli oltre tredici miliardi di deficit costano centinaia di milioni all'anno di interessi passivi. Insomma il debito della capitale si autoalimenta senza esaurirsi mai, con tassi elevatissimi nonostante i generosi prestiti del *quantitative easing* alle banche di tutta Europa. Come noto, la Banca centrale europea presta agli istituti di credito somme consistenti a tassi vicini allo zero ma queste non riducono i tassi applicati ai debitori. Minenna conosce bene il meccanismo e si spende per scongiurare il temuto fallimento della città.

Nel campo del governo del territorio vengono approvati quattro importanti provvedimenti. Il primo riguarda il centro storico e attiene alla conferma dell'annullamento del progetto di recupero del centralissimo Palazzo Raggi (gruppo Bonifaci). L'annullamento era stato deciso nel periodo commissariale per la presenza di molte irregolarità: una prassi purtroppo molto usuale nella città senza regole che ha portato al grave stravolgimento della vita del centro storico. Un segnale importante al mondo dei grandi protagonisti delle trasformazioni di Roma e un segnale di continuità con l'operato della struttura commissariale.

Il secondo provvedimento riguarda il tessuto qualificato della città, quello occupato dal compendio dell'ex Fiera di Roma sulla via Cristoforo Colombo. Da tempo su quell'area si era svolto un duro braccio di ferro tra le esigenze di chi voleva trarre il massimo della rendita dal recupero dell'area abbandonata e le esigenze espresse dai cittadini che chiedevano minori quantità di cemento. La cultura della "valorizzazione economica" permeava anche la giunta di Ignazio Marino che aveva confermato una enorme volumetria. Nell'agosto 2016, grazie al lavoro svolto dalla Raineri di concerto con il prefetto di Roma Paola Basilone, la volumetria viene portata al valore sancito dal piano urbanistico vigente, minore di quello atteso dalla proprietà. Un colpo intollerabile all'eterna rendita che ha spolpato Roma, nel caso specifico rappresentata dalla Camera di commercio, snodo di potere fondamentale nella città e guidata da Lorenzo Tagliavanti, in gioventù esponente della sinistra alternativa: il provvedimento comunale verrà infatti impugnato davanti al Tar proprio per la decurtazione della volumetria che imponeva.

Il terzo risultato raggiunto nei primi due mesi di amministrazione riguarda la questione delle periferie. In relazione a un provvedimento governativo che stanziava finanziamenti modesti (diciotto milioni), ma che apriva finalmente al tema delle periferie urbane, il Comune di Roma, grazie a un impeccabile lavoro svolto dagli uffici comunali, riesce a redigere un progetto credibile che mette al primo posto il tema delle proprietà immobiliari pubbliche. Il programma votato in Consiglio comunale prevede il riuso, per creare servizi pubblici, di alcuni degli ex forti (Trionfale e Boccea); interventi di completamento di servizi e di una piazza a Corviale; opere pubbliche a San Basilio, solo per citare le idee più rappresentative.

Nella redazione del progetto per le periferie si concretizza anche un proficuo rapporto di leale collaborazione con le strutture dello Stato impegnate nella difficile transizione di Ostia verso il ripristino della normalità amministrativa. Se Roma, infatti, è stata portata alle elezioni dopo i nove mesi di vita della struttura commissariale del prefetto Tronca, la gravità della crisi di Ostia suggerì di rinviare il confronto elettorale e di mantenere il regime di surroga. Commissario della città di Ostia e del suo territorio è il prefetto Domenico Vulpiani che, fin dal primo incontro che abbiamo per tentare di inserire un progetto sul territorio costiero, mi dimostra tutta la sua capacità e bravura. A lui si deve se in sessanta giorni è stato redatto un progetto di riuso dell'edificio ex Gil da destinare alla sede della polizia locale e del giudice di pace. La città del litorale devastata dai poteri mafiosi inizia a ripristinare i presidi della legalità sul territorio.

Infine la riconduzione nell'alveo della legalità dell'affidamento degli appalti pubblici. L'azione di risanamento era stata iniziata dal prefetto Tronca, e nell'assessorato ai lavori pubblici ho trovato un importante lavoro già ben impostato, grazie alla capacità della struttura tecnica guidata dall'ingegner Roberto Botta. Nell'assemblea annuale dei costruttori romani, svoltasi nel novembre 2016, è lo stesso Raffaele Cantone a dare atto pubblicamente del cammino percorso per uscire dal baratro, scoperchiato dall'inchiesta "Mondo di mezzo".

Ricontrattazione del debito; difesa della legalità e dell'integrità del centro storico; decurtazione delle pretese della proprietà immobiliare nel caso della ex Fiera di Roma; nuovo protagonismo da parte dell'amministrazione pubblica verso le periferie; legittimità delle procedure d'appalto: questi segnali non sono sicuramente piaciuti nei luoghi e tra i protagonisti che hanno dominato Roma per tanti anni. Le cronache ci hanno raccontato che, nella perquisizione effettuata nell'abitazione di Raffaele Marra successivamente al suo arresto, sono stati sequestrati due fascicoli urbanistici che interessavano l'imprenditore edile ristretto nello stesso giorno, Sergio Scarpellini. Senza dubbio il nuovo corso capitolino iniziava ad avere forti opposizioni, e non stupisce che qualcuno stesse tentando di riportare indietro l'orologio della storia.

Il "cerchio magico" e le municipalizzate

Il via alla cancellazione dell'esperienza della giunta civica viene dato dai "quattro amici al bar", cioè Raggi, Frongia, Romeo e Marra. Quest'ultimo è stato nominato vice capo di gabinetto, una evidente scelta finalizzata a condizionare il lavoro della Raineri. In un clima di roventi polemiche tra le varie anime del Movimento Cinque stelle, i quattro decidono di colpire proprio la Raineri. Il pretesto, come detto, viene dall'emolumento dello stesso magistrato, che era identico al livello che percepiva nella sua attività precedente di giudice di Corte di appello. In questo caso i quattro dimostrano uno strabismo sospetto. In agosto tentano infatti di far fare un salto economico immotivato – e a giudizio della Raineri illegittimo – a uno dei membri del gruppo, ossia Salvatore Romeo, che si tenta di assumere con un nuovo contratto come coordinatore della segreteria del sindaco a una cifra tre volte superiore a quella che percepiva come funzionario comunale. Insomma, la persona scelta per garantire la legittimità degli atti comunali viene messa sul banco degli imputati per il suo emolumento mentre si tenta di cambiare il contratto per uno dei "quattro amici al bar".

Ci sono poi due questioni singolari. Il quesito sulla liceità degli emolumenti della Raineri non viene inviato, come sarebbe stato prassi, all'autorità preposta, ma all'Agenzia contro la corruzione di Raffaele Cantone. Nel settembre 2016 la Corte dei conti giudica ineccepibile la procedura instaurata per l'inquadramento della Raineri, ma ormai il colpo è già arrivato a destinazione provocando la felicità nella chat dei quattro amici che quella stessa sera è piena di messaggi di entusiasmo per l'avvenuto misfatto. La seconda questione singolare è che l'Anac, pur non avendone competenza, risponde in ventiquattro ore. Interpello e atti conseguenti non vengono mai comunicati alla Raineri neppure per il dovuto contraddittorio e il 31 agosto il capo di gabinetto rassegna le dimissioni. In un'intervista a Luigi Ferrarella afferma:

> Raggi aveva concepito una segreteria particolare che era in realtà il "vero gabinetto" del sindaco, a capo della quale ha posto Salvatore Romeo che era in realtà il "vero capo di gabinetto". E ha conferito a questo soggetto, ex funzionario di VII livello, una specifica delega alle partecipate, attribuendogli di fatto il ruolo di "assessore ombra" di Minenna. E Raffaele Marra aveva la qualifica di vice capo di gabinetto ma in quei quarantacinque giorni non ho avuto mai il piacere di condividere con lui alcuna decisione: riferiva direttamente al sindaco.[36]

Il 3 settembre, in reazione a quanto accaduto, si dimette, come previsto, anche Minenna. In quei difficili giorni ho accusato apertamente in giunta comunale e in pubbliche interviste Raffaele Marra di essere stato l'ispiratore dell'imboscata che aveva distrutto l'esperienza di una giunta appena formata. Oggi sono convinto che ci sia stato dell'altro. Ossia

---

36 Luigi Ferrarella, "La sindaca faceva gestire tutto al duo Romeo-Marra", in *Corriere della Sera*, 5 settembre 2016.

che l'operazione sia stata influenzata, come affermava in data non sospetta la stessa Raineri, anche dalla volontà di mettere le mani sulle aziende municipalizzate. Altro che giunta civica. Rientrano dalla finestra tutti i vizi di quella politica marcia che i Cinque stelle dichiarano di voler far uscire dalla porta.

Il ruolo di amministratore delegato di Atac era stato affidato dal prefetto Tronca a Marco Rettighieri ed era pacifico che questi, circondato da unanime stima, avrebbe continuato anche con la nuova giunta il suo lavoro di risanamento. Minenna aveva nominato al vertice di Ama Alessandro Solidoro. Inutile sottolineare che Atac e Ama sono – insieme ad Acea – le aziende in cui si esercita una parte consistente del potere romano. Contro Rettighieri si scatena un'offensiva inedita da parte dell'assessore alla mobilità, e il primo settembre si dimette. Solidoro rassegna le dimissioni insieme a Minenna. Si crea insomma un vuoto di potere, ma, in breve tempo, le tre aziende partecipate vengono portate sotto lo stretto controllo dei fedelissimi dei Cinque stelle.

Il 30 settembre arrivano due novità. L'assessorato al bilancio, che assommava anche la delega alle partecipate, viene diviso in due, e alle partecipate viene chiamato Massimo Colomban, imprenditore vicino allo studio Casaleggio e convinto sostenitore della supremazia del mercato su ogni altro aspetto. All'Atac, dopo una girandola di dimissioni, viene nominato presidente e amministratore delegato Paolo Simioni, fedelissimo proprio di Colomban. Dopo poco Simioni viene anche nominato direttore generale. Un osservatore autorevole come Federico Fubini argomenta così questo fatto inedito:

> All'interno dell'azienda la carica di presidente e amministratore delegato ha però un valore preciso: può gestire con la sua firma un concordato preventivo che porti a un accordo con i creditori. Si tratta del potere che era mancato a Bruno Rota, il quale da marzo a luglio aveva gestito Atac come direttore generale prima di dimettersi. Quindi il 10 agosto Simioni si rafforza ancora di più, perché il consiglio di amministrazione dell'Atac lo nomina

anche al posto che era stato di Rota: direttore generale. Ora il manager ha tutti i poteri. Resta una domanda: è legale?[37]

All'Ama dopo una lunga serie di dimissioni viene nominato presidente e amministratore delegato Lorenzo Bagnacani, tecnico vicino ai Cinque stelle per aver lavorato a Parma con Pizzarotti e a Torino con Chiara Appendino. Poco dopo la sua nomina, inizia la resa dei conti con le dimissioni del direttore generale Stefano Bina, nominato in sostituzione di Alessandro Solidoro.

> Le dimissioni arrivano al termine di uno scontro con Bagnacani sulla gestione della municipalizzata e le critiche dell'assessore ai rifiuti Pinuccia Montanari che si era lamentata delle condizioni della città con lo stesso Beppe Grillo poche settimane fa. Bina era stato nominato direttore generale di Ama soltanto quattordici mesi fa. Le sue deleghe verranno assorbite, ad interim, da Bagnacani.[38]

All'Acea arriverà l'avvocato Lanzalone, ma parleremo della sua nomina in seguito. Tornando al colpo di mano del 30 agosto, non c'è dubbio che sia stato posto in essere per evitare che la Raineri continuasse nel suo ruolo di garante, ma probabilmente anche per il fatto che la nomina al vertice dell'Ama, decisa da Minenna, aveva creato sconcerto nel mondo del potere romano che non era stato minimamente coinvolto nella decisione.

Fatto sta che in pochi mesi viene di fatto azzerato l'inedito e ambizioso progetto di dare vita a una giunta competente e indipendente per tornare nel recinto dei fedelissimi (che spesso vantano curriculum imbarazzanti). Assessore all'ambiente,

---

37 Federico Fubini, "Roma, il pasticciaccio brutto dell'Atac. Tutti i dubbi sul supermanager M5S", in *Corriere della Sera*, 24 agosto 2017.

38 Mauro Favale, "Roma, Bina si dimette: via il secondo dg dell'era Raggi", in *La Repubblica*, 21 novembre 2017.

al posto di Paola Muraro, coinvolta in vicende giudiziarie per il suo precedente ruolo di consulente delle giunte Alemanno e Marino, diventa Pinuccia Montanari, prescelta direttamente da Beppe Grillo. Al posto vacante delle politiche abitative e del patrimonio è nominata Rosalba Castiglione, organica al Movimento, avvocato e consulente legale in ambito di progettazione, programmazione e definizione di processi di acquisizione, gestione e valorizzazione di patrimoni immobiliari pubblici e privati. Assessore ai lavori pubblici, scorporati dall'urbanistica, viene nominata Margherita Gatta, esponente di un tavolo tematico dei Cinque stelle. Al posto di Andrea Mazzillo, successore di Minenna e giudicato anche lui troppo indipendente, arriva un altro fedelissimo del Movimento, Gianni Lemmetti, già assessore nella giunta grillina di Livorno. Siamo insomma di fronte a un'evidente chiusura rispetto a quella che sembrava la più positiva caratteristica del Movimento Cinque stelle: scegliere le persone cui affidare ruoli di governo attraverso il curriculum.

L'avvocato Pieremilio Sammarco eletto sindaco di Roma

È legittimo dunque chiedersi se ci sia stato qualcuno ad aver influenzato questa svolta. Da più parti sono stati riportati stralci delle chat depositate per il processo Marra tra cui il messaggio con cui Sammarco invita, già il 13 agosto 2016, il sindaco a revocare le deleghe a Minenna e l'incarico alla Raineri. Come riportato anche da molti quotidiani e periodici,[39] dopo aver premesso di non preoccuparsi del codice etico dei Cinque stelle che è «una minchiata che non sarà mai applicata in sede giudiziaria», l'avvocato Sammarco afferma: «Se perdi Raffaele

---

39 *Cfr.* Ilaria Sacchettoni, "Campidoglio, processo Marra: nelle chat il ruolo decisionale di Sammarco e l'attacco a Minenna e Raineri", in *Corriere della sera*, 16 ottobre 2017; Luca Piana, "I consigli a Virginia Raggi dello strategea Sammarco", in *L'Espresso*, 17 ottobre 2017; e il servizio di Giulia Bosetti andato in onda nella trasmissione *M* su Rai 3 il 18 gennaio 2018.

[Marra, *n.d.r.*] è una vera tua sconfitta personale, sarai sempre ostaggio di altri e allontaneranno (con varie motivazioni) subito dopo Salvatore [Romeo, *n.d.r.*] e ogni tua persona».

E poi ecco il suo esplicito invito al sindaco: «Il consiglio che mi sento di darti è revocare deleghe (partecipazione e patrimonio) a Minenna sul presupposto che i compiti sono troppo gravosi per una sola persona e affidarli a persone autorevoli e competenti di tua fiducia o che rispondono esclusivamente a te. Revocare incarico alla Raineri per rottura del rapporto fiduciario a seguito delle dichiarazioni rese alla stampa (*cfr.* intervista a *Il Messaggero*). Scateni il putiferio ma solo così potrai affermare la tua forza e la tua posizione».

E infine la rassicura: «Ricordati che non sei sola e che puoi costruire una squadra di gran lunga più forte e autorevole. Abbiamo tante risorse!».

Il sospetto di una regia estranea agli eletti viene confermato guardando la vicenda della faticosa ricerca del sostituto di Minenna ad assessore al bilancio. Si dovrà arrivare al 30 settembre, un mese dopo le sue dimissioni, per avere un nome: Andrea Mazzillo, membro fino a quel momento della segreteria di Virginia Raggi. Si passa insomma da un uomo che scrive sul *Wall Street Journal* al pur degnissimo segretario del sindaco. Lunghezza del tempo impiegato e provenienza del nuovo assessore dimostrano che si sono dovute superare grandi difficoltà. Difficoltà emerse nell'indicazione, il 6 settembre, del nome di Raffaele De Dominicis, magistrato della Corte dei conti, visto che il giorno successivo il sindaco deve già annunciare la revoca della delega, perché emerge che De Dominicis era stato raggiunto da un avviso di indagine. Il 6 settembre sulla *Repubblica* esce un'intervista a De Dominicis in cui gli viene chiesto come fosse stato nominato, e il magistrato risponde: «Un amico, l'avvocato Pieremilio Sammarco, mi ha chiesto la mia disponibilità e io ho ritenuto di mettermi a disposizione».

Sammarco sindaco di Roma, dunque. Ed ecco una delle «tante risorse» di cui parlava in quel messaggio. Il suo studio giuridico è tra i più autorevoli della capitale e la stessa Virginia

Raggi vi ha svolto le sue prime esperienze di lavoro. Del resto, Roma ha una densità di studi legali molto elevata e tutte le questioni di trasformazione urbana rilevanti passano per l'azione di studi legali che conoscono la realtà economica e sociale romana. Ed è qui a quanto pare che i Cinque stelle hanno trovato il modo di costruire un legame con il potere romano indispensabile per proseguire l'azione di governo. Da notare anche che il fratello di Pieremilio, anch'egli avvocato, è stato il difensore di Cesare Previti, indimenticato ministro del primo governo Berlusconi e entrato nel cono d'ombra a seguito di gravi vicende giudiziarie.

La vicenda, ad ogni modo, mostra come le questioni più importanti, come la scelta di colui che deve salvare Roma dal baratro del fallimento, non avvengano solo dentro Palazzo Senatorio, cioè nella casa della democrazia, ma anche dentro uno studio professionale privato. Per questo in quei sessanta giorni si era conclusa la speranza di cambiamento della giunta Raggi.

No alle Olimpiadi del 2024. Stavolta il sindaco è Grillo

Nel mese di settembre si consuma la scelta di rinunciare alla candidatura di Roma per lo svolgimento delle Olimpiadi del 2024 decisa dal sindaco Marino. Sono stato tra i più contrari all'ennesima avventura "straordinaria", perché non era chiaro l'obiettivo urbanistico e perché il comando dell'operazione non era in mano comunale. Nel programma elettorale dei Cinque stelle era scritto chiaramente che la candidatura sarebbe stata sottoposta a consultazione popolare, ed era un modo intelligente per provare a riprendere in mano la questione.

Quando mi sono insediato ho trovato le casse dell'assessorato ai lavori pubblici completamente vuote. Non potevo garantire neppure la manutenzione ordinaria delle strade. Ho pensato allora di lavorare per costruire un programma olimpico in discontinuità con i progetti precedenti, impostato sulla normalità, senza prevedere grandi opere ma con l'occhio rivolto al disastroso stato della città. Cinque linee tramviarie, la cura del verde e delle strade, il potenziamento della rete sportiva decentrata erano i punti su cui si sarebbe potuto avviare il percorso decisionale democratico con la prevista consultazione popolare.

Ma mentre era in corso questa delicata partita, la scelta definitiva viene presa nella città di Genova. Il 9 settembre il blog di Grillo – una dubbia palestra di democrazia e trasparenza – pubblica una stroncatura senza appello della candidatura olimpica. Le Olimpiadi avrebbero alimentato sprechi e corruzione, si dice. Motivazioni singolari perché dimostrano ben poca fiducia nel sindaco che avrebbe potuto chiedere e ottenere di divenire commissario straordinario dell'evento. E un atteggiamento cinico nei confronti di una città che sta affondando per mancanza di risorse. Da quel momento, ad ogni modo, di consultazione popolare non se ne parlerà più, nonostante fosse stato uno dei punti della campagna elettorale.

Il sindaco commette anche un atto grave sotto il profilo dei rapporti istituzionali. Il 21 settembre è fissato un incontro con Giovanni Malagò, presidente del Coni, il Comitato olimpico nazionale italiano. Una foto pubblicata dal *Corriere dello Sport* la ritrae a pranzo all'ora in cui era previsto l'incontro. Non è solo una questione di galateo istituzionale, che pure conta. Il problema è che le istituzioni – e certamente il Coni ha un ruolo importante nel paese – devono avere rapporti leali e corretti anche quando c'è dissenso di merito. In quei giorni importanti per una decisione che avrebbe influito sulla città, ho incontrato Malagò trovando una sua disponibilità a rivedere il progetto di assetto della città nel caso la candidatura avesse avuto esito positivo dal Comitato olimpico internazionale. Insomma, c'erano a mio avviso in quel momento i rapporti di forza per portare alla capitale un risultato che avrebbe potuto invertire, o quanto meno attenuare, il declino.

Il 29 settembre il Consiglio comunale ritira la candidatura alle Olimpiadi e la questione si chiude. E come accade a volte, il finale è amaro. Il sindaco afferma infatti in conferenza stampa che «sarebbe stato da irresponsabili dire sì alle Olimpiadi del mattone». Il sindaco conosceva bene la mia assoluta intransigenza verso qualsiasi speculazione. Eppure in quel caso ha parlato di trionfo del mattone, mentre tre mesi dopo avrebbe detto sì a una delle più vergognose speculazioni immobiliari della storia moderna di Roma, quella dello stadio. Si dice no a un progetto pubblico e sì a uno privato. È il nuovo che avanza.

Senso delle istituzioni

La conoscenza con il lato oscuro del Movimento Cinque stelle l'ho avuta quasi immediatamente, all'inizio del mese di agosto del 2016. Il governo Renzi, come già scritto, aveva aperto la procedura di bando per ottenere finanziamenti per il recupero delle periferie delle grandi città. Si trattava di pochi soldi, in tutto diciotto milioni, una goccia nel mare delle esigenze di una periferia immensa e degradata, ma un'occasione per aprire un percorso nuovo di ripresa del ruolo pubblico delle trasformazioni urbane.

Al primo incontro con tutti i dirigenti dell'assessorato, che convoco per costruire il progetto, trovo davanti alla mia porta un accreditato consigliere comunale appartenente al "cerchio magico" del sindaco, Pietro Calabrese. Mi meraviglio della sua presenza, e da allora inizio ad aver chiaro che il capo della mia segreteria faceva da fonte informativa sulle mie attività. Il giovane consigliere, il cui livello di preparazione può essere apprezzato dalla lettura del suo curriculum pubblicato ai sensi di legge sul sito del Comune di Roma, mi chiede di partecipare alla riunione. Rispondo che i consiglieri devono guardarsi dall'immischiarsi nelle faccende tecnico-amministrative per concentrarsi invece nel ruolo di guida politica. Aggiungo che dovevano stare attenti poiché molte opache commissioni tra politica e affari erano nate, anche in partiti che pure vantavano un primato di moralità, proprio da questo malinteso ruolo della politica. Lui fu molto contrariato dal mio rifiuto e con poca educazione decise di giocare la carta di riserva tirando fuori dalle tasche dei pantaloni uno scartafaccio che conteneva a suo dire «i progetti che il Movimento ritiene indispensabile inserire nel programma». Rispondo che ne avremmo parlato nelle sedi opportune e che comunque avrei privilegiato la continuità amministrativa, visto che sul progetto si era già prodotto un approfondito lavoro istruttorio. Così le preziose paginette rientrarono nella tasca che le aveva materializzate e il giovane consigliere riprese la strada del ritorno.

Non è l'unico caso. Nel mese di settembre mi chiama Stefano Vignaroli, deputato al Parlamento e vicepresidente della commissione di inchiesta sul ciclo dei rifiuti, per chiedermi un incontro su Massimina, quartiere dell'estrema periferia occidentale. Si presenta all'appuntamento insieme all'imprenditore proprietario dei terreni oggetto di uno dei tanti progetti di urbanistica contrattata. L'incontro dura pochi minuti e sono certo che Vignaroli non avesse il più lontano interesse personale nella questione. Ma questa inconsapevolezza mi appare come il fatto più grave del nostro unico incontro.

Mettere gli occhi sull'attività dell'assessore all'urbanistica

Sempre a settembre prende il via un tentativo di piazzare un uomo di fiducia dentro il mio assessorato. Avevo conosciuto l'avvocato Emanuele Montini quando era coordinatore del gruppo giuridico dei Cinque stelle al Parlamento e io mi occupavo di scrivere due proposte di legge sul consumo di suolo e sul rilancio dei piccoli borghi. Mi cerca per offrirsi come consulente urbanistico: a causa infatti delle guerre intestine nel gruppo parlamentare aveva lasciato l'incarico ed era tornato all'Automobil club. Dopo un paio di settimane invia alla mia mail personale una bozza di contratto di consulenza dicendo che l'aveva costruita con Salvatore Romeo. Per me un motivo prezioso per cancellarlo dal novero dei miei potenziali collaboratori. Il suo contratto, peraltro, era tarato su un valore di ottantottomila euro lordi. Una cifra spropositata, anche perché l'avvocato era contemporaneamente il coordinatore della segreteria di Italia Nostra e percepiva per quel ruolo un rimborso spese.

In una riunione di giunta dell'ottobre 2016 trovo tra le nomine dei consulenti da approvare – senza che io ne sapessi nulla! – anche quella di Emanuele Montini. Dico subito che consideravo tale prassi come un'offesa personale e che pertanto non ero interessato alla sua collaborazione. Avevano perso un prezioso informatore, ma senza battere ciglio lo avevano piazzano come consulente presso un altro assessorato. Ovviamente sempre al modico costo di ottantottomila euro a carico della collettività. Per la mia intransigenza, nei nove mesi di permanenza in Campidoglio, non ho mai avuto l'onore di veder perfezionato nessun contratto di collaborazione esterna mentre tutti gli altri assessori venivano esauditi nelle loro richieste. Il capo del personale, Raffaele Marra, faceva evidentemente buona guardia.

Si chiedono le dimissioni di Berdini ma c'è l'arresto di Marra

Le tensioni con il sindaco e il suo "cerchio magico" diventano sempre più evidenti e il suggello si ha il 4 dicembre in una riunione in cui partecipano solo pochi fedelissimi di Virginia Raggi. Uno di questi ha la buona educazione di avvertirmi il giorno stesso dicendomi che il sindaco di lì a poco avrebbe ritirato le mie deleghe con la motivazione che non mi rapportavo con il ristretto nucleo al comando del Campidoglio.

Non se ne fece nulla perché non ne ebbero il tempo. Dodici giorni dopo le forze dell'ordine prelevano Raffaele Marra presso la sua abitazione e per un po' di giorni hanno altro a cui pensare. Dovrà rispondere di corruzione e altro, in particolare di un generoso prestito di oltre 367mila euro che il costruttore Sergio Scarpellini gli aveva elargito per acquistare un'abitazione.[40] Il sindaco non trova di meglio che dichiarare che «Marra è uno dei ventitremila addetti del Comune di Roma». Da sindaco ombra a uno dei ventitremila. *Sic transit gloria mundi.*

Avanti un altro sindaco. Arriva l'avvocato Lanzalone

La mia situazione si era dunque fatta difficile, ma con l'arresto di Marra e il conseguente allontanamento di Romeo posso sperare in una maggior ponderazione e ragionevolezza nel gruppo egemone dei Cinque stelle romani. Non sarà così, ma l'esatto contrario. Dopo la crisi per il caso Marra inizia la fase delle ritorsioni e a farne le spese sono soltanto io, ossia l'unico a essersi pubblicamente espresso contro lo strapotere dell'ex dirigente del personale del Comune.

Nel mese di gennaio 2017 torna in auge anche il progetto dello stadio della Roma. Evidentemente indeboliti dagli scandali, i Cinque stelle non sentono più la forza per mantenere fede agli impegni elettorali e decidono di chiudere, a mia insaputa, una trattativa con la Roma.

Lavora al compromesso un folto gruppo di fedelissimi del sindaco Raggi, consulenti e commissari politici. E soprattutto l'avvocato Lanzalone, titolare della Lanzalone & partners con sedi a Genova, Londra, Miami e New York. Fin dai primi giorni in cui partecipa alle riunioni sullo stadio, circola la voce che si fosse già incontrato con il presidente della Roma, James Pallotta, a Londra. Come detto, non so se la notizia fosse vera o meno, per certo so che la trattativa l'ha condotta lui essendo io rimasto fermo sulle posizioni di non consentire aumenti di volumetrie sulla base dell'urbanistica contrattata.

---

40   Agli inizi di luglio del 2017 Marra è stato scarcerato e ha restituito il prestito ottenuto da Scarpellini.

La conclusione diventerà nota poco dopo le mie dimissioni. Alla Roma vengono consentiti il doppio dei centomila metri quadrati previsti dal piano regolatore vigente. Un vero e proprio voltafaccia da parte del gruppo dirigente dei Cinque stelle.

Sgomberi, emergenza abitativa e "lotta al consumo di suolo"

Oltre alla vicenda dello stadio della Roma, gennaio è segnato dalla recrudescenza degli sgomberi. La situazione dell'emergenza abitativa a Roma è nota. Sono oltre cento le occupazioni di immobili sparse in tutta la città: senza prospettive di sostegno, la parte più povera della città in questi anni di eclissi della legalità ha risolto il problema come poteva. Nel periodo del commissariamento prefettizio era a tutti chiaro che gli sgomberi sarebbero stati eseguiti soltanto in caso di forza maggiore e che contemporaneamente non sarebbero state più tollerate ulteriori occupazioni. Come detto, dal 2014 potevano essere utilizzati 192 milioni di euro stanziati dalla Regione Lazio. Una goccia nel mare rispetto alle esigenze della città, ma comunque una piccola boccata d'ossigeno che avrebbe potuto togliere pericolose tensioni sociali.

La delega alla questione abitativa è rimasta nelle mani del sindaco che però non vi ha mostrato grande interesse. Così su di me si scaricano i conflitti latenti: l'assessorato all'urbanistica viene occupato per tre volte dai differenti gruppi che si interessano di emergenza abitativa.

Il primo assaggio l'ho avuto il 10 gennaio quando sono stato chiamato per tentare di risolvere lo sgombero di via Ostiense dei giovani di Alexis che occupavano l'immobile da due anni. C'era una situazione pericolosa perché i ragazzi erano asserragliati al primo piano e avevano chiuso l'unica scala di accesso. Lo sgombero sarebbe dunque dovuto avvenire dal terrazzo ed erano stati già chiamati i vigili del fuoco. Cerco di convincere i giovani a scendere senza opporre resistenza impegnandomi a cercare un'alternativa. Gli scontri vengono evitati ma la stampa di destra mi accusa nientemeno che di fomentare le occupazioni. Alcuni gruppi della "sinistra di movimento" mi accusano invece di aver privilegiato un gruppo a scapito degli altri, e per rendere chiaro il loro pensiero il giorno successivo occupano il mio assessorato. Nella guerra tra poveri ci rimettono i giovani di Alexis che nelle successive settimane si disperdono in varie parti della città.

Uno sgombero singolare quello di via Ostiense. Il presidente Cinque stelle del Municipio era stato avvertito per tempo dello sgombero dal comandante della polizia municipale che coordina le operazioni, ma non ha la sensibilità di tentare di trovare una soluzione. Dopo qualche settimana viene sfiduciato, il Municipio viene commissariato e a lui viene la bella idea di aderire alla destra di Giorgia Meloni. La stessa che, in qualità di deputato, aveva fatto un'interrogazione parlamentare contro il sottoscritto che avrebbe violato la legge durante quello sgombero.

Ma il colpo peggiore avviene nella sera di sabato 3 febbraio 2017. Le forze di polizia mi chiedono di intervenire per una tentata occupazione in un palazzo per uffici da tempo vuoto, nel quartiere di San Paolo, da parte delle famiglie che erano state sgomberate dagli edifici dei padri monfortani di via Prenestina. L'occupazione era stata solo parzialmente scongiurata e più di trecento immigrati, intere famiglie con bambini in carrozzina, si erano rifugiati sul terrazzo al nono piano dell'edificio. Cerco di convincere gli occupanti a scendere perché non c'era la minima speranza di mantenere l'occupazione e dopo una trattativa difficile le famiglie scendono dal terrazzo con tensioni gravissime ma evitando scontri duri.

Passo le successive trentasei ore, notti comprese, a scrivere un programma di urgenza per tamponare l'emergenza in atto e nella prima seduta di giunta disponibile presento il programma "Un tetto per tutti" su cui tornerò nelle pagine seguenti. Mentre illustro l'ipotesi di costruire case popolari vere su piccoli relitti di terreno di due-tremila metri quadrati di proprietà comunale o dell'Ater, vengo interrotto dal sindaco che mi dice seccamente che «il Movimento Cinque stelle è contrario al consumo di suolo». Ribatto che forse non sapeva di cosa stesse parlando visto che era diventata favorevole alla realizzazione dello stadio della Roma che prevedeva duecentomila metri quadrati di parcheggi.

Capitolo cinque

La speranza fallita. Dalla giunta civica all'occupazione del potere

La cultura di governo che è mancata

Alla base del fallimento dell'esperienza Raggi non ci sono dunque solo inesperienza e incapacità. Ci sono motivi strutturali che hanno portato all'abbandono dei tentativi di rinascita del governo pubblico della città e di ricontrattazione del debito, preferendo la chiusura al dialogo sociale e incrementando le politiche degli sgomberi. Sono emersi tutti i limiti di un movimento nato su un radicalismo di facciata ma fondato su evidenti carenze culturali e di democrazia.

Prima di accettare l'incarico di assessore avevo reso pubblica la mia visione dell'urbanistica capitolina sulle pagine di *Micromega* ponendo la questione che attraversa tutto questo libro, quella di chiudere per sempre con l'urbanistica contrattata che aveva portato alla rovina Roma e tornare alla guida pubblica della città.

Di fronte al fallimento economico e sociale della capitale è urgente ribaltare l'ottica con cui è stata governata negli ultimi venti anni. Anni in cui si è rinunciato dichiaratamente ad affrontare i nodi irrisolti della struttura urbana continuando invece a espanderla in ogni direzione. Questa gigantesca espansione – qui è la radice del fallimento economico di Roma – non poteva essere più alimentata dalla spesa pubblica facile e tutte le nuove periferie sono oggi in uno stato preoccupante di abbandono perché sono pressoché assenti i servizi pubblici. C'è poi il fallimento sociale rintracciabile in una dolorosa contraddizione: grazie alla *deregulation* urbanistica ci sono in città circa 150mila alloggi nuovi invenduti mentre circa 50mila persone vivono in baracche o in situazioni precarie di occupazioni. È il fallimento delle politiche liberiste: la domanda dei ceti poveri non incontra più "il mercato" e la città capitale affonda nel degrado.

È dunque soltanto con un lungimirante progetto pubblico che si può pensare al riscatto della capitale. Un progetto che metta al primo posto la crisi delle periferie abbandonate a se stesse e che hanno votato in massa per il movimento Cinque stelle; la condizione dei giovani che non hanno altra offerta se non quella della movida; la costruzione di un turismo consapevole che non porti – come succede ora – solo degrado alla città e ricchezza a pochi; l'idea di una città accogliente delle varie culture ed etnie ormai radicate da due generazioni in città. Un città insomma che guarda con rigore ai suoi mali suscitando quella reazione etica in grado di invertire il corso degli eventi e uscire dall'incombente fallimento a cui l'hanno condannata le miopi idee liberiste del ventennio che abbiamo alle spalle. Senza questa idea pubblica non ci sarà soluzione né per Roma né per l'intero paese. Le capitali sono infatti lo specchio delle nazioni e il fallimento di Roma è il nodo più grande da sciogliere se l'Italia vuole continuare a guardare al futuro.[41]

La mancanza di autonomia politica e culturale ha però causato il rapido ritorno alla continuità con le politiche care ai gruppi di potere che controllano Roma da decenni, che erano preoccupati dalle pieghe che stava prendendo l'azione amministrativa dopo la vittoria dei Cinque stelle.

Nella nuova giunta Raggi dietro alla cultura Cinque stelle apparentemente avulsa da ideologie e schieramenti politici si è stabilito un sistema di potere singolare. C'è il mondo conservatore

---

41   Paolo Berdini, "Le mani sulla città (e come liberarla dai palazzinari)", in *Micromega* n. 5, 2016.

di cui è esponente l'avvocato Sammarco. Ci sono il Pd e la destra di Alemanno, principali responsabili del tracollo della città e dello scandalo Mafia capitale, tornati tranquillamente, come vedremo, al comando dell'urbanistica. Ci sono le grandi banche che si affidano all'avvocato Lanzalone. Ci sono infine le grandi imprese multinazionali, come Suez-Gas de France, che si contendono il controllo del sistema dell'acqua e dello smaltimento dei rifiuti solidi urbani. Un ircocervo inedito che rappresenta tutti i poteri. Meno quelli della parte debole della società.

La mancanza di idee autonome e di memoria storica ha portato anche a riprendere alcune proposte nel passato scartate proprio per la loro modestia. Di una funivia «che avrebbe risolto i problemi della mobilità» si era iniziato a parlare nel 2007, quando la giunta Veltroni la propose per collegare il quartiere della Magliana con l'Eur. Faceva parte del capitolo dell'urbanistica contrattata perché la società proponente chiedeva di avere in concessione l'immobile, una scuola comunale, che doveva fungere da capolinea alla Magliana. L'opposizione all'idea fu molto forte e, nonostante la proposta fosse stata adottata anche dalla giunta Alemanno, non se ne fece nulla. Qualche anno dopo il comitato di quartiere di Casalotti, estrema periferia occidentale, mi chiese un parere su una proposta che era stata loro presentata da un gruppo imprenditoriale per collegare il quartiere con il capolinea della linea B della metropolitana. Risposi che l'unico modo per risolvere la mobilità era la realizzazione di tramvie. Oggi i Cinque stelle pensano che quella funivia sia la chiave per risolvere i problemi di mobilità in una città che (dati Eurispes 2016) possiede un parco veicolare di 1 milione e 800mila automobili. Del resto, anche la realizzazione del raccordo anulare ciclabile (Grab), già elaborato da Marino, non viene proposta come una integrazione di modalità di spostamento urbano, ma come la panacea del perenne collasso della mobilità.

C'è infine un altro progetto che mostra la sudditanza culturale verso le idee precedenti. Si tratta della proposta di svolgimento del campionato di Formula 1 elettrica a Roma. Era stato il sindaco Alemanno a proporla dopo che era stato sconfitto nel tentativo di portare il campionato dei bolidi a motore all'Eur, affermando che sarebbero transitati alle Terme di Caracalla e in altre parti del centro storico ma, ovviamente, l'idea non fu presa neanche in considerazione. Ora siamo a una furbesca miscela delle due proposte perché i vettori elettrici si cimenterebbero lungo le strade dell'Eur che erano da Alemanno destinate a quelli a benzina. Ma la risposta agli interrogativi sul futuro di Roma non sta in queste modeste ed effimere proposte.

Due pesi e due misure. Il canile comunale e i Tredicine

La vicenda del canile comunale è storia vecchia. Abbandonato dall'indifferenza delle precedenti giunte del Comune di Roma, maggiormente interessate agli affidamenti per i ricchi appalti per i migranti o per i rom, vinti dal sistema delle imprese di Mafia capitale, fu preso in carico da un gruppo di giovani dotati di grandi idealità. Con molti sforzi riuscirono a ottenere contratti di servizio sempre temporanei e poco remunerativi, ma erano appagati dai risultati sociali che avevano ottenuto strappando molti animali da destini tragici. Il tentativo di ottenere un contratto di servizio che garantisse maggiormente le proprie prospettive di lavoro nell'interesse della città, ha però trovato nella giunta pentastellata il muro invalicabile della "legalità". La gara per affidare la gestione del canile municipale non ha dunque tenuto conto dell'attività svolta negli anni precedenti e il nuovo contratto di servizio è stato affidato a un'altra società. Quei giovani senza sponsor politici sono stati portati verso il piccolo ma doloroso abbandono di una parte dei loro sogni.

È curioso che appena pochi mesi dopo, per affidare le lucrose postazioni del mercato ambulante, nel bando di concorso sia stato inserito un punteggio maggiore a chi avesse maturato esperienze analoghe negli anni precedenti, e tutti sanno che a Roma ciò significa favorire il monopolio della famiglia

Tredicine. A dicembre 2017 è lo stesso assessore al commercio Meloni a esternare dubbi sulla procedura e a scaricarne la responsabilità su un consigliere comunale Cinque stelle. Due pesi e due misure dunque, come nella peggiore politica della Prima e della Seconda repubblica dei tanto vituperati partiti.

Io ho provato a dare visibilità all'altra parte della città con due proposte, il "Patto per Roma" e il progetto "Un tetto per tutti".

Il "Patto per Roma" bloccato

Due motivi erano alla base della proposta del "Patto per Roma". Il primo derivava dalla bocciatura da parte di Beppe Grillo dell'ipotesi delle Olimpiadi. Il secondo dai bilanci fallimentari che avevo verificato nell'assessorato ai lavori pubblici. I finanziamenti per la manutenzione straordinaria degli edifici pubblici e della rete stradale erano ridotti al lumicino. Di fronte ai continui tagli della spesa pubblica locale la scorciatoia utilizzata da tutte le amministrazioni è stata quella di tagliare il futuro, e cioè i finanziamenti a lungo termine, per concentrare le poche risorse solo sulla manutenzione ordinaria. Ma anche su questo capitolo le risorse a disposizione erano irrisorie. Per la manutenzione stradale, uno dei cavalli di battaglia della propaganda elettorale dei Cinque stelle, era previsto in bilancio per ogni Municipio un milione di euro. I municipi romani contano tra i centocinquantamila e i duecentomila abitanti e hanno una rete stradale immensa che ha dovuto seguire l'abusivismo e il malaffare urbanistico. Insomma, le casse pubbliche erano vuote.

Nel mese di settembre 2016 il presidente del Consiglio Matteo Renzi sigla con il sindaco di Milano Giuseppe Sala il "Patto per Milano" per consentire al capoluogo lombardo di uscire dal vicolo cieco del progetto effimero dell'Expo 2015. Per costruire quell'appuntamento lo Stato aveva già erogato due miliardi di euro e dopo la demolizione dei padiglioni avvenuta a manifestazione conclusa, sull'immensa area vuota si toccava con mano la difficoltà di delineare un prospettiva per la città. Nel "Patto per Milano" la collettività nazionale si faceva carico di trasferire un altro miliardo e mezzo. Era una buona occasione per inserire anche Roma, nella prospettiva di ottenere finanziamenti perché sarebbe stato impossibile per il governo centrale negare la stessa quantità di denaro erogato a Milano. Con il maggior numero di abitanti, la capitale avrebbe potuto chiedere più di tre miliardi, una boccata d'ossigeno.

Lancio l'idea sulle pagine del *manifesto* attraverso un'intervista curata da Eleonora Martini: «Se non ci sarà la candidatura alle Olimpiadi 2024, Roma si candiderà al "Patto per Roma" da sottoscrivere con Palazzo Chigi, visto che il primo ministro ha sottoscritto con Beppe Sala il "Patto per Milano" stanziando 1,5 miliardi di euro. Se pensiamo al rapporto di popolazione, Roma ha dunque un credito di 4,5 miliardi».[42]

Distribuisco la mia idea in una riunione di giunta per condividere il progetto di cui avevo già delineato l'ossatura (tramvie, recupero delle periferie, questione abitativa) ma dopo i primi riscontri da parte degli altri assessori la vicenda viene bloccata dal sindaco Raggi che mi dice che per quanto la riguarda non «avrebbe mai parlato con Renzi». Interpretando la sua indisponibilità come un fatto di natura personale, quando Matteo Renzi si dimette a seguito della colossale sconfitta subita nel referendum costituzionale del 4 dicembre 2016, torno alla carica e faccio presente al sindaco che avevamo l'occasione di riaprire la costruzione del "Patto per Roma" poiché a Palazzo Chigi era andato Paolo Gentiloni, persona onesta intellettualmente, competente e – ciò che non guasta – romano. Ma fallisco anche in questo tentativo, e il "cerchio magico" non trova il tempo necessario per telefonare al governo. Nell'avvicinarsi delle elezioni politiche del 2018 sarà poi il ministro dello sviluppo Carlo Calenda a rilanciare un "Patto per Roma" in salsa elettorale, ma con contenuti ben diversi dalla mia proposta che giace ancora in qualche cassetto, magari sepolta sotto

---

42 Eleonora Martini, "Berdini sfida Renzi: ora un patto per la capitale", in *il manifesto*, 22 settembre 2016.

i curriculum dei candidati alle aziende municipalizzate e alle consulenze presso il Comune.

"Un tetto per tutti"

La proposta "Un tetto per tutti", rifiutata dal sindaco per il consumo di suolo che avrebbe comportato, era formata da una serie di azioni su cui mi ero già confrontato positivamente con l'Ater e con la Regione Lazio.

Il piano era articolato in nove azioni. La prima riguardava la soluzione all'emergenza costituita dalle famiglie a cui non era ancora stata assegnata una casa riutilizzando le caserme dismesse. La seconda riguardava l'approvazione di un piano straordinario per costruire almeno tremila alloggi sulle aree pubbliche inutilizzate localizzate all'interno dei quartieri popolari. Questa proposta avrebbe potuto risolvere alcuni problemi dell'Ater perché molte proprietà fondiarie le appartenevano e la valorizzazione avrebbe consentito di abbattere il suo debito. La terza azione affrontava la questione delle cento occupazioni romane, articolando la risposta tra quelle che potevano essere sanate – ad esempio quelle che insistono su immobili pubblici – e quelle da liberare non appena ci fossero state le condizioni per l'assegnazione di un'altra casa. La quarta riguardava il finanziamento del segmento dell'autocostruzione che avrebbe potuto far completare un migliaio di alloggi. Con la quinta azione si permetteva invece all'Ater di costruire un piano di riuso e bonifica del patrimonio abitativo. La sesta riguardava la complessa azione del riuso a fini abitativi del patrimonio sequestrato alla malavita organizzata. La settima era incentrata sul riuso dei contenitori comunali non utilizzati a fini istituzionali. L'ottava azione coinvolgeva anche i privati ed era finalizzata alla piena utilizzazione del patrimonio immobiliare abbandonato. L'ultima azione agevolava le politiche di riuso degli immobili pubblici delle aziende municipalizzate (Atac e Ama) non più funzionali all'attività istituzionale. Anche in questo caso la valorizzazione avrebbe comportato l'abbattimento del debito di quelle aziende.

Il programma di lavoro per ristabilire l'urbanistica pubblica era per me formato da tre progetti. Il primo riguardava la conclusione degli oltre venti grandi progetti arenati per la crisi immobiliare. Il secondo era il "Patto per Roma", con cui si cercava di costruire le infrastrutture indispensabili a rendere moderna la città. Il terzo riguardava il contributo alla soluzione dell'emergenza abitativa in città.

Ma questi non sono stati presi nella minima considerazione dal "cerchio magico" del sindaco, che invece si è buttato nella realizzazione dello stadio della Roma a Tor di Valle.

Lo stadio sott'acqua e la finanza internazionale

Domenica 5 febbraio 2017 è una data cruciale. Durante un collegamento da Trigoria su Sky irrompe a sorpresa sullo schermo l'allenatore della Roma Luciano Spalletti, prende il microfono e dichiara pubblicamente: «Famo 'sto stadio!». Subito dopo il capitano della Roma, Francesco Totti, su twitter scrive: «Vogliamo il nostro Colosseo moderno». La trovata ha un grande effetto mediatico ma appartiene anche alle notizie scontate: cos'altro potevano dire sulla vicenda i due più importanti personaggi sportivi della Roma se non sostenere l'interesse della loro società per il nuovo stadio? E invece per il "cerchio magico" del sindaco è il segno che bisogna arrendersi.

La sera vengo raggiunto per telefono dal vicesindaco Bergamo che con voce impostata mi dice che «non possiamo reggere il colpo di queste dichiarazioni» e che bisogna mutare l'atteggiamento finora tenuto nella trattativa, quello della mia più assoluta intransigenza. Rispondo che le dichiarazioni di Totti e Spalletti, per me scontate, non cambiavano le mie convinzioni maturate dalla conoscenza approfondita del progetto. La rottura è totale perché mi ribadisce che la situazione non permette altra scelta e si doveva accettare la mediazione dell'avvocato Lanzalone. La sconfessione delle posizioni elettorali era dunque già decisa, nonostante lo stesso gruppo consiliare avesse più volte manifestato contrarietà. Ma poi in realtà solo pochi consiglieri hanno continuato la loro coerente battaglia contro lo stadio e, tra di essi, va segnalata la cristallina coerenza di Cristina Grancio.

La mia contrarietà al progetto dello stadio non è basata su alcun pregiudizio. Ho più volte scritto che la sua realizzazione poteva rappresentare una buona prospettiva per la città allo stesso modo di altre città d'Europa, di Torino o di Udine. Il problema è la localizzazione perché il luogo prescelto dalla Roma è un'enclave priva di opere di urbanizzazione e di relazioni urbane con le zone contermini. In una città che, come abbiamo visto nel capitolo precedente, ha diciannove grandi cantieri abbandonati, ubicati all'interno dei tessuti urbani consolidati, che non si riesce a completare, è da sconsiderati avviare l'urbanizzazione di un ulteriore pezzo di territorio. La mia ottica è sempre quella di portare a compimento tutte le opere incompiute che generano degrado.

Grazie alla grancassa mediatica a sostegno degli interessi dell'As Roma è stato sempre detto che la realizzazione dello stadio sarebbe avvenuta "a costo zero" per la collettività. Ma è davvero così? Come noto, chi realizza interventi immobiliari deve corrispondere all'amministrazione comunale oneri di urbanizzazione e di costruzione che possono essere utilizzati dal Comune per qualsiasi opera pubblica. L'accordo con la Roma prevedeva che questa somma consistente sarebbe stata utilizzata per rendere accessibile lo stadio proprio perché il luogo prescelto è oggi servito da una strada insufficiente, la via del Mare, e da un modesto collegamento su ferro. In buona sostanza la Roma ha scelto un luogo privo di requisiti urbanistici e spende gli oneri di urbanizzazione per rendere accessibile l'area prescelta. È evidente che il costo zero è una bugia. Se si fosse scelta un'altra area gli effetti di eventuali nuove opere avrebbero riverberato i benefici su quartieri densamente abitati che hanno un bisogno estremo di servizi, e l'interesse dell'opera sarebbe divenuto anche pubblico e non solo privato.

La sfida dell'urbanizzazione di quell'area è così immane che è anche iniziato il commercio di aumenti di volumetrie giustificate dalla società sportiva con il notevole importo delle opere a carico. Infatti dai centomila metri quadrati di edifici per attività sportive previsti dal piano urbanistico vigente, il Consiglio comunale nell'epoca Marino aveva approvato la realizzazione di oltre trecentomila metri quadrati di immobili anche per uffici. Un regalo immenso. Con la "mediazione" dei Cinque stelle si è poi raggiunto un valore di duecentomila metri quadrati. Ho troppe volte ammonito che regalare centomila metri quadrati di superficie edificabile significa fare un regalo di cinquecento milioni di euro. Con l'urbanistica qualcuno si arricchisce, così mi hanno insegnato i maestri.

C'è poi un altro problema gravissimo anche in considerazione dei mutamenti climatici in atto. L'area prescelta dalla Roma è un'ansa del Tevere ed è perciò difesa dall'argine fluviale ben più alto della quota del terreno su cui si vorrebbe costruire lo stadio e gli edifici. I pareri espressi dalle competenti autorità sul rischio idrogeologico mi hanno ulteriormente convinto che il principio di cautela sconsigliava assolutamente di dare un parere positivo. Riporto di seguito quanto affermato dall'Autorità di bacino distrettuale dell'Appennino centrale del Tevere nell'ultima conferenza dei servizi convocata per l'approvazione del progetto (dicembre 2017): Riguardo al "Fosso di Vallerano", nell'esprimere parere favorevole con prescrizioni, l'ufficio piani e programmi «evidenzia comunque la necessità, in sede di progetto esecutivo, di adeguare tutta la documentazione progettuale concernente lo smaltimento delle acque meteoriche ai nuovi valori delle superfici che risulteranno impermeabilizzate. Gli elaborati progettuali relativi agli schemi di smaltimento delle acque meteoriche dovranno inoltre riportare le precise condizioni inerenti le attuali superfici oggetto di intervento, in modo da stabilire l'esatto dimensionamento dell'impianto idrovoro nonché di tutti i vari sistemi di compenso. In particolare si dovrà sviluppare nel dettaglio quanto necessario per definire le migliori condizioni di funzionamento dell'accoppiamento impianto di sollevamento-vasca di compenso, ciò in relazione all'idrogramma pluviometrico [...]».

La questione dell'impianto idrovoro è uno dei temi che ho affrontato con il dovuto rigore. Nel progetto approvato dalla giunta Marino c'era infatti una voce di costo per la realizzazione di tale impianto messa a carico della collettività romana. Si trattava di ben 9,5 milioni e c'era poi da considerare che il Comune avrebbe dovuto garantirne il funzionamento per tutti gli anni a seguire. In sintesi avrei dovuto approvare un progetto su un'area scelta sulla base di convenienze economiche della società che presentava problemi di rischio idrogeologico così elevati da rendere indispensabile la realizzazione di un impianto idrovoro, e quell'impianto sarebbe stato messo sul conto di una città fallita a causa della mala urbanistica. Ma per il "cerchio magico" e il sindaco aggiunto Lanzalone doveva andare bene così: approveranno un progetto in cui manca ancora «l'esatto dimensionamento dell'impianto idrovoro».

C'è infine da richiamare la fondamentale questione del rispetto dei vincoli storici e ambientali. Margherita Eichberg, architetto e dirigente del Ministero dei beni culturali, si è occupata insieme al suo staff della compatibilità del progetto stadio con le preesistenze esistenti. È stato emesso un vincolo sulle tribune dell'ippodromo di Tor di Valle realizzate nel 1959 su progetto di Julio Lafuente ma, attraverso le nuove procedure di approvazione degli accordi di programma, il progetto della Roma è stato approvato nonostante il vincolo.[43]

Il progetto dello stadio della Roma non era più solo una questione urbanistica ma anche una scottante vicenda economica e finanziaria. Seguiamo ancora il ragionamento di Paolo Mondani:

---

43 Il 24 novembre 2017 Margherita Eichberg è stata insignita del premio Zanotti Bianco, annualmente dedicato da Italia Nostra alle personalità che si sono distinte nella tutela del patrimonio storico e culturale italiano.

Nel febbraio 2015 l'As Roma aveva ottenuto un prestito di 175 milioni da Unicredit e più dell'ottanta per cento dei debiti finanziari della società erano verso la banca di Mustier. Al 30 giugno 2016, il debito finanziario netto del gruppo As Roma è aumentato ancora attestandosi a 170 milioni [...]. Le cose non vanno affatto bene, eppure è la banca franco-meneghina ad aver scelto l'investitore Pallotta, il Mr. President che i romanisti non vedono mai. James Pallotta è il dominus della Neep Roma Holding Spa, società che possiede la squadra ma di cui nessuno conosce precisamente i reali proprietari [...].

[Parsitalia] nel frattempo ha accumulato debiti con le banche fino ai 450 milioni del 2013, specie verso Unicredit, che alla fine si è presa gli *asset core* del gruppo attraverso il veicolo del Capital Dev [...]. È proprio a questo punto che Unicredit ha il colpo di genio. Mette insieme i due scassati debitori in modo che restituiscano almeno parte dei loro crediti e inventa lo stadio di Pallotta sui terreni di Parnasi.[44]

L'involuzione dei Cinque stelle capitolini è ben rappresentata dal quadro strutturale descritto da Mondani. Prima di arrivare al governo della città avevano decisamente avversato la speculazione. Poi vanno alla ricerca di un nuovo assessore all'urbanistica e di fatto lo trovano in Lanzalone (che conosce bene quel mondo bancario). Quando si arriva al dunque, con la chiusura dell'accordo con l'As Roma sopra la mia testa, la mia avventura non poteva proseguire oltre. Il 14 febbraio 2017 dichiaro: «Mentre le periferie sprofondano in un degrado senza fine e aumenta l'emergenza abitativa, l'unica preoccupazione sembra essere lo stadio della Roma. Dovevamo riportare la città nella piena legalità e trasparenza delle decisioni urbanistiche, invece si continua sulla strada dell'urbanistica contrattata che, come è noto, ha provocato immensi danni a Roma. Era mia intenzione servire la città mettendo a disposizione competenze e idee. Prendo atto che

44   Paolo Mondani, *Op. cit.*

sono venute a mancare tutte le condizioni per poter proseguire il mio lavoro».[45]

La mia avventura a Cinque stelle si è infranta sugli scogli di opacità nella gestione del potere; della mancanza di idee e di coraggio; della carenza culturale necessaria per affrontare i mali di Roma. Sul rischio di impegnarmi in una sfida senza che avessi interlocutori culturalmente affini, ero stato messo per tempo sull'avviso. Nel giugno 2016 alcune persone di cui ho immensa stima si erano spese per sconsigliarmi di accettare l'incarico. Alberto Asor Rosa sottolineò la mancanza di sensibilità dei Cinque stelle verso il percorso delle amministrazioni civiche nate in difesa del bene comune. Paolo Flores D'Arcais mise in guardia sugli evidenti legami politici e sociali dei Cinque stelle con la cultura del mondo della destra romana e nazionale. Don Roberto Sardelli sottolineò la loro mancanza di sensibilità verso le periferie. Alessandro Forlani, giornalista Rai e uomo di vasta cultura, argomentò sui limiti di democrazia da parte di un gruppo dirigente mai validato da percorsi democratici, che decide attraverso una piattaforma controllata da una azienda privata. Pensai che valesse comunque la pena provare a dare il proprio contributo in questa finestra di opportunità per cambiare Roma. Alla luce dei fatti però devo ammettere che avevano ragione e che i limiti che sottolineavano sono stati più forti di qualsiasi opportunità di cambiamento.

All'urbanistica torna il partito unico

Il suggello della restaurazione urbanistica operato dal sindaco si trova nella scelta del nuovo assessore che mi ha

---

45 Subito prima della formalizzazione delle mie dimissioni sono stato protagonista di una rumorosa dichiarazione registrata illegittimamente da un giornalista, tanto giovane d'età quanto vecchio per la mancanza di lealtà etica che dovrebbe connotare il suo mestiere. Quel colloquio riservato e dolosamente rubato non cambia la sostanza delle cose, che sono quelle riportate in modo sistematico in queste pagine.

sostituito. Viene scelto Luca Montuori, architetto e docente universitario che era impegnato come segretario dell'assessore alla cultura Luca Bergamo. Nella sua prima uscita pubblica si dichiara grande estimatore delle politiche urbane veltroniane che, come abbiamo elencato in queste pagine, hanno portato al tracollo la capitale. Insomma, nel breve volgere di un mese dalle mie dimissioni si passa dal tentativo di ristabilire il primato dell'urbanistica pubblica alla restaurazione della vecchia politica, confermata anche dal coinvolgimento in un ruolo di primaria importanza nello staff dell'architetto Gabriella Raggi, che aveva lavorato nell'ultime giunte di centrosinistra in molti progetti di urbanistica contrattata. Un premio insperato per quel Partito democratico che pure i Cinque stelle continuano a dipingere come la fonte del malaffare.

Il cambiamento si sta completando con il coinvolgimento dell'astro nascente dell'urbanistica grillina, l'architetto Cinzia Esposito, che a quanto sembra al momento in cui scrivo secondo tutte le indiscrezioni sarà chiamata a un ruolo apicale nell'urbanistica romana. Esposito arriva a Roma su chiamata del sindaco Alemanno quando viene trasferita da un altro Comune evidentemente perché in sintonia con la concezione urbanistica della destra al Campidoglio. Non è proprio il miglior biglietto da visita, ma andiamo avanti. L'architetto Esposito ha avuto un ruolo centrale nella costruzione della più pericolosa proposta urbanistica di Alemanno, quella della realizzazione di nuovi quartieri di edilizia convenzionata nell'agro romano. Come se non bastassero le enormi quantità edilizie previste nel piano approvato nel 2008, Alemanno tentò, come accennavamo, di mettere altri terreni nel circuito della trasformazione urbanistica. Negli ultimi due mesi di attività dell'amministrazione di destra un cartello di associazioni e di comitati di quartiere presidiò l'aula Giulio Cesare ogni volta che erano convocate le sedute di Consiglio e si rischiava l'approvazione della pericolosa variante. La variante cadde anche per merito di Marino e per fortuna della città. Dobbiamo però prendere ancora una volta atto che con i Cinque stelle l'urbanistica romana sta tornando nelle sapienti mani che l'hanno gestita per un ventennio con i due schieramenti di centrodestra e centrosinistra. Cancellato il tentativo di ripristinare l'urbanistica pubblica, torna il partito unico del fallimento della città.

Il "Covent Garden" dei Cinque stelle

I risultati della svolta privatistica si sono manifestati con l'approvazione della proposta di completamento degli ex Mercati generali di Ostiense. Avevamo visto nel terzo capitolo che quella proposta era stata pubblicizzata dalle precedenti amministrazioni come il nuovo Covent Garden e che sarebbe stata realizzata un'area verde di almeno due ettari sugli oltre otto di proprietà comunale. La crisi aveva causato il blocco del cantiere e i nuovi progetti che stravolgevano l'impianto originario togliendo l'area verde erano già stati approvati durante l'amministrazione Alemanno. Scomparivano anche i parcheggi pubblici del quartiere di via Negri che vive già oggi in perenne stato di disagio per la carenza di aree di sosta.

Il progetto mi venne sottoposto quando ero assessore e chiesi formalmente agli uffici che avevano espresso parere positivo di spiegare perché non si fossero rispettate le leggi nazionali che obbligano a prevedere una quota inderogabile di servizi pubblici, parcheggi e verde pubblico. La risposta fu sconcertante: gli uffici comunali mi risposero che "il verde pubblico era stato compensato a Volusia". Volusia è un luogo lontano circa trenta chilometri da Ostiense e per arrivarci si impiega, se va bene, un paio d'ore tra andata e ritorno. I parcheggi sarebbero stati invece localizzati a un chilometro di distanza da quelli cancellati per soddisfare gli appetiti della società concessionaria. Per favorire i privati si comprimevano i diritti pubblici, avevo pertanto fermato il progetto chiedendo che venisse ragionevolmente ripristinata la quota di servizi pubblici indispensabili.

Nel dicembre del 2017 la giunta Raggi ha votato l'approvazione di quella variante costruita su misura degli interessi proprietari, il verde pubblico è cancellato e scompaiono molti parcheggi delle aree limitrofe. I cittadini di Ostiense secondo la "nuova" urbanistica pentastellata dovranno portare i propri bambini in un parco a trenta chilometri di distanza.

Capitolo sei

Le perle di giornalismo durante il mio assessorato

I sottoprodotti del direttore del *Messaggero*

Il controllo dell'informazione è uno degli elementi chiave nell'esercizio del potere. La carta stampata può influire sui risultati delle elezioni o sul corso dei provvedimenti delle amministrazioni in carica. Il caso storico più noto è quello di Ernesto Nathan. Egli divenne sindaco anche grazie all'esplicito appoggio del *Messaggero*, il più importante giornale della capitale, mentre nella tornata elettorale del 1908 il quotidiano appoggiò lo schieramento conservatore guidato dal principe Prospero Colonna ponendo così fine all'esperienza della prima giunta laica romana. Il caso più recente di condizionamento della vita amministrativa locale è quello che riguarda Ignazio Marino. È elemento dell'esercizio della democrazia che l'informazione faccia fino in fondo il proprio mestiere, indagando, svelando e denunciando malversazioni o casi di dubbio perseguimento dell'interesse pubblico. Marino nel processo davanti alla Corte d'appello per falso e peculato sulla vicenda dei rimborsi è stato ritenuto colpevole e condannato a due anni di reclusione. Non è dunque la corretta funzione di denuncia il punto dolente ma il fatto che per il "sindaco marziano" – che certo non aveva brillato per diplomazia mediatica – fu posta in essere una forzatura inaccettabile.

Nel 2015 il coro unanime dei quotidiani sparò a tutta pagina l'accusa di aver partecipato a "cene di lusso" sulle spalle della collettività. Si trattava di uno scontrino di ottanta euro per due commensali, quaranta euro per commensale sono considerati cena di lusso. In ogni città d'Italia o del mondo il sindaco ha il dovere di organizzare cene con personaggi che possono portare benefici in termini di investimenti per l'intera comunità urbana. E invece Marino fu condotto al rogo. Forse doveva pagare l'aver iniziato a fare pulizia in alcuni settori della città. Ero dunque ben cosciente, dati i precedenti, che non avrei avuto sconti. Speravo soltanto che la dialettica si mantenesse in un alveo di rispetto dei fatti. Mi illudevo.

Il primo giugno 2016 la trasmissione *La gabbia* di Gianluigi Paragone manda in onda un servizio di Manuele Bonaccorsi dal titolo "Caltagirone & Co: chi comanda davvero Roma". Vengo intervistato sul caso Tor Vergata dove nel progetto di candidatura alle Olimpiadi 2024 era prevista la realizzazione del villaggio degli atleti. Ribadivo quanto più volte avevo espresso in molti articoli e in numerose interviste: l'area pubblica di Tor Vergata era a mio giudizio decisiva per il futuro di Roma e non ritenevo opportuno sciupare questa grande occasione di costruire case per gli atleti che sarebbero poi state destinate agli studenti. Mi viene poi chiesto se la candidatura olimpica è nata anche per completare il palazzo del nuoto di Santiago Calatrava, abbandonato da anni, e rispondo affermativamente: da sempre gli eventi straordinari come le Olimpiadi servono per rimediare a situazioni urbane non altrimenti risolvibili.

Riguardo alla domanda più insidiosa posta dal giornalista, se ci fosse un interesse del principale concessionario delle opere di Tor Vergata, e cioè Francesco Gaetano Caltagirone, risposi che il rapporto tra Ateneo e Caltagirone era regolato da un contratto in essere tra la concessionaria e l'Università. Tutto qui.

Siamo in pieno ballottaggio elettorale e la Raggi ha già annunciato il mio nome quale assessore all'urbanistica. Forse per questo motivo vengo denunciato per diffamazione da Francesco Gaetano Caltagirone che, tra le sue varie attività, è anche proprietario del *Messaggero*. La querela viene lanciata con grande risalto dal quotidiano e il 14 giugno il direttore in persona, Virman Cusenza, si scomoda per esprimere critiche ingenerose nei miei riguardi:

> L'urbanista Paolo Berdini nella sua eloquente intervista a *La Gabbia* afferma tra l'altro che «inventiamo le Olimpiadi per recuperare a Tor Vergata una struttura che è già costata quattrocento milioni». Ma l'intervistato non si pone la più ovvia delle domande. E cioè perché da oltre sei anni si sia interrotto il finanziamento necessario a completare quel progetto. E, soprattutto, perché in Italia sia diventato normale lasciare a metà le opere senza il necessario completamento atteso dai cittadini. Un ragionamento contro logica. Anziché suscitare la sacrosanta indignazione per l'ennesima incompiuta di questo paese, scarica sulle imprese – che, quando non sono di amici, di questo meccanismo sono vittime – responsabilità tutte politiche maturate nei decenni precedenti.

Non so quanti libri, saggi e articoli abbia scritto contro la mancanza di programmazione che produce incompiute, che a loro volta producono degrado, come nel caso in specie. Non era dunque in me che il direttore doveva sollecitare "l'indignazione per l'ennesima incompiuta". E credo anche che non si possa dissentire dalla lettura della storia degli eventi straordinari italiani, quella cioè di essere spesso serviti per tentare di riparare a un danno avvenuto in precedenza, come nel caso della disastrosa programmazione economica dello stadio del nuoto di Tor Vergata.

Ma su un passaggio sono d'accordo con Cusenza, quando scrive:

> Così, anziché trasformare un evento come gli eventuali giochi di Roma 2024 in una grande occasione di sviluppo, che sani le ferite del malgoverno della capitale e ridia speranza a una città che ormai ne ha poca, la cultura del sospetto e della demonizzazione dell'avversario che ci si è scelti perché non addomesticabile,

ostacola la possibilità di risalita. Dando una macroscopica prova di autolesionismo. Unica merce che a Roma non scarseggia mai sul bancone dei sottoprodotti.

Avendo come lui a cuore il destino della città, ho provato – come noto – sin dal mio insediamento a rendere concreta la candidatura di Roma alle Olimpiadi e mi sono esposto anche contro la rigidità del vertice dei Cinque stelle. Non era dunque questo il punto in discussione. Il problema che ho sempre posto è di merito, e cioè il destino delle aree di Tor Vergata. In un'intervista che rilasciai qualche tempo prima, attraverso il rettorato di Tor Vergata, proprio all'interno della Vela di Calatrava, affermavo che proprio la posizione strategica dell'Ateneo rappresentasse il cardine per disegnare il futuro di Roma e dovesse spingerci a delineare un progetto di ampio respiro. Consentirà il direttore che costruire sugli ettari preziosi dell'ateneo case per atleti (e poi studenti), non sia il massimo del pensiero che serve a questa città. Meglio pensare a centri di ricerca d'eccellenza, le case possiamo farle benissimo da tante altre parti. Ecco, mi sono permesso soltanto di criticare questo punto e mi sono ritrovato nel bancone dei sottoprodotti.

Roma fa schifo e ci vivo bene

È noto che la carta stampata attraversi una crisi gravissima. I due più diffusi giornali italiani, il *Corriere della Sera* e *La Repubblica*, negli anni Duemila si contendevano il primato delle vendite intorno alla cifra di un milione di copie. Oggi faticano a superare le centomila copie vendute. Viviamo dunque in tempi di rete e di web e tra i siti frequentati ce n'è uno dal raffinato titolo *Roma fa schifo*. Confesso di non averlo mai aperto e di essere informato dei pezzi che mi ha dedicato dalle tante persone che rimanendo colpite dalla volgarità con cui venivo insolentito me ne inviavano copia. In uno di essi, ad esempio, venni a sapere che come tutti i comunisti frequentavo Punta d'Ala e dunque me ne infischiavo dei mali della città. Mi consigliarono di querelare ma il mio concetto di umana pietà è stato più forte.

Un altro riguardava supposti rapporti di affari con Francesco Gaetano Caltagirone. Siccome ero contrario al progetto dello stadio a Tor di Valle, questa la consecutio dell'animatore del blog, avevo il recondito fine di localizzarlo sui terreni del Caltagirone medesimo. Ergo, ero sul libro paga dell'imprenditore ed ero mosso solo da bramosia di denaro.

Diffondere menzogne con il ventilatore è gioco facile e anche pericoloso per le persone perbene. Durante un'intervista radiofonica nell'ottobre 2017 – più di un anno dopo la messa in rete della *fake news* – un ascoltatore invia un messaggio whatsapp – che mi viene letto in diretta – in cui afferma che tutti sapevano che ero legato al gruppo Caltagirone.

Nel novembre 2017 si è finalmente aperto nel paese un serio dibattito sui limiti di un sistema informativo in rete che vive scientemente di menzogne e diffamazioni. Roma, posso assicurare, non fa schifo. È piena di persone meravigliose che si impegnano per costruire una città più giusta. Una parte molto piccola fa eccezione e ci vive bene.

Gli scoop del *Tempo*

Fernando Magliaro, questo il nome del giornalista molto impegnato a favore della realizzazione dello stadio della Roma a Tor di Valle, mi telefonò un pomeriggio per dirmi che finalmente aveva scovato le prove dei miei rapporti di dipendenza da Caltagirone (un'ossessione, come si vede). Al mio stupore e alla richiesta di spiegazioni disse che mi avrebbe inviato per mail le prove della vergogna, e aggiunse che avrebbe pubblicato comunque le carte sul quotidiano che lo ospita, *Il Tempo*. Mi inviò così alcune pagine del progetto delle residenze universitarie realizzate a Tor Vergata nel 2007. Nei *credits* si parlava di «Consulenza urbanistica e progettuale:

Università degli studi di Tor Vergata. Prog. Silvano Stucchi, Arch. Anna Maria Romano, Ing. Paolo Berdini, Ing. Anna Maria Totaro».

Una persona normale avrebbe compreso che l'Università di Tor Vergata era stata l'interlocutrice dei progettisti per la definizione del progetto in quanto istituzione e io ero stato insieme agli altri tra i redattori del piano di assetto dell'università. Avevo anche aggiunto che avevo ricevuto da Caltagirone una denuncia per diffamazione: uno strano modo di relazionarsi tra persone che hanno avuto rapporti di lavoro. Ma non era bastato al nostro Magliaro, evidentemente elettrizzato dall'aver costruito lo scoop della sua luminosa carriera, che il giorno dopo la telefonata, il 13 ottobre 2016, firmava sul *Tempo* un articolo dal titolo inequivocabile: "Il giallo della consulenza di Berdini". Ecco un breve stralcio:

> Resta solo il problema, tutto interno al solo partito di Grillo [...]: Berdini ha comunicato oppure no a sindaco, direttorio e Grillo, d'aver avuto a che fare, direttamente o indirettamente, comunque legittimamente, con una società orbitante nella holding del costruttore romano?

Dunque riepiloghiamo, non ho mai lavorato per nessuna impresa che ha realizzato opere a Tor Vergata. Avendo partecipato al piano urbanistico esecutivo, mi sono attenuto alle norme deontologiche che vietano a chi svolge ruoli pubblici di lavorare per i privati interessati dai piani urbanistici. Non so dunque che cosa avrei dovuto denunciare a Grillo e al direttorio. Ma non serve. Insinua qui e insinua lì qualcosa rimarrà.

Nel novembre 2017 tale Carlomanno Adinolfi, sull'ennesimo quotidiano di "informazione" web che, tanto per comprendere il livello intellettuale, ha realizzato una imperdibile inchiesta sugli Arditi del popolo, afferma nell'articolo "Stadio della Roma: i costruttori calce e martello esultano grazie a Pd e Cinque Stelle":

E uno strano filo rosso collega i difensori dello strano e ora-mai inutile ponte. Paolo Berdini, già collaboratore di Caltagirone nel progetto Tor Vergata del 2007 e in qualche modo legato al co-struttore anche tramite l'associazione Italia Nostra. Protagonista della battaglia antistadio, è vicino alla sinistra antagonista nonché antifascista dichiarato tanto da voler demolire via dei Fori impe-riali solo per motivi politici, oltre a essere un accanito difensore dei mostri di cemento delle periferie romane.

Eccomi promosso al ruolo di collaboratore di Caltagirone. Spargete menzogne. Qualcosa rimarrà.

E Magliaro non molla. Il 19 agosto 2017 sempre sul *Tempo* appare un suo articolo i cui titolo e sottotitolo – che riprendo-no fedelmente i contenuti espressi – sono "Torri dell'Eur, ar-riva il conto: 328 milioni. Bomba sul bilancio. Cdp e Telecom chiedono i danni alla Raggi per il no ai lavori. Il progetto di ri-strutturazione fu bloccato dall'allora assessore Berdini. Panico in Campidoglio per i conti".

Narra, il nostro, che Cassa depositi e prestiti ha chiesto al Comune quel rimborso milionario, ma sbaglia a tirarmi dentro. Tutti sapevano che ero molto favorevole all'operazione di Cdp e avevo tentato in ogni modo di farla partire nonostante tutte le difficoltà e le inchieste della magistratura. Nella prossima pun-tata per questo mio atteggiamento verrò dipinto come "colla-boratore" occulto di Cassa depositi e prestiti.

Forza Roma

Sono molte le radio del tifo giallorosso. Molte e molto se-guite per una città a maggioranza romanista. Il mio essere con-trario alla localizzazione di Tor di Valle e non alla costruzione dello stadio, perché come affermai più volte poteva essere loca-lizzato in tanti altri siti, non poteva passare inosservato. Anche in questo caso non ho mai ascoltato le trasmissioni ma i miei bravissimi autisti, Claudio Corsi e Roberto Zibellini, laziali convinti, ascoltavano nei momenti di attesa anche le radio del nemico. Mi avvertirono sempre più spesso che volavano insulti sanguinosi e minacce esplicite contro di me e la mia famiglia. Durante una riunione ufficiale in Campidoglio manifestai tutta la mia riprovazione all'avvocato Mauro Baldissoni, direttore della As Roma, che mi rispose con un imperturbabile sorriso che le radio non erano riconducibili alla società e che dunque non poteva farci nulla.

Il veggente della *Repubblica*

Tra i maggiori progetti fermi da anni per il fallimento dell'urbanistica di rapina che ha dominato Roma e ha causato un degrado infinito nei quartieri limitrofi c'erano i vecchi Mercati generali di Ostiense. Con l'intenzione di sbloccarli nell'interesse della città chiesi agli uffici di illustrarmi il progetto e mi accorsi che non c'era un metro quadrato di verde pubblico, anche se nell'adiacente quartiere di via Negri la speculazione edilizia degli anni Sessanta non aveva lasciato neppure un filo d'erba.

In tutte le città del mondo ogni nuovo progetto serve – nei limiti di un intelligente equilibrio – per sanare vecchie ferite. Su otto ettari e mezzo di proprietà comunale non sarebbe dunque stato strano prevedere un piccolo polmone di verde per il quartiere. Niente da fare, mi si rispose. Il progetto era stato approvato da tutti i dipartimenti, dalla giunta Marino e dal commissario Tronca. Dunque prendere o lasciare.

Chiedo dunque una discussione politica e la stragrande maggioranza degli esponenti dei Cinque stelle è d'accordo con la mia posizione. Chiedo allora un incontro con la proprietà che avviene il 19 novembre 2016. Incontro cordiale, ma il rappresentante della proprietà e il progettista mi ribadiscono che il progetto non poteva essere toccato anche se la mia richiesta era molto ragionevole. Finiamo nel tardo pomeriggio e il mattino seguente in rassegna stampa leggo con grande stupore che *La Repubblica* ha un articolo in cronaca romana dal titolo "Berdini blocca anche i Mercati generali". Nella riunione oltre a me erano presenti solo le due persone che ho citato. L'autore dell'articolo, Paolo Boccacci, è dunque probabilmente un veggente.

Capitolo sette

Ricostruire il senso della città pubblica e il volto delle periferie

Uscire dalla cultura che ha portato al fallimento le città

Le città italiane sono state sottoposte da oltre venticinque anni all'applicazione delle ricette neoliberiste, fatte di continui tagli ai trasferimenti agli enti locali che hanno prodotto il restringimento del welfare urbano e delle prestazioni sociali. Nonostante questo assistiamo al continuo aumento della spesa pubblica.

Tutti i comuni italiani, piccoli o grandi, sono ormai ridotti a un ruolo marginale poiché non hanno più le risorse economiche e umane necessarie per pensare al futuro del territorio, alla definizione di opere di risanamento e della cura dell'organismo urbano. I servizi vengono cancellati a causa della mancanza di risorse; gli alloggi pubblici sono lasciati senza manutenzione; i trasporti pubblici divengono sempre più inefficienti; le strade sono pericolose per le buche; le scuole sono spesso fatiscenti, insicure e senza strumenti didattici; i parchi pubblici sono abbandonati; i servizi sanitari tagliati; le stazioni ferroviarie dismesse; le strutture dello Stato, dai tribunali alle sedi degli uffici postali, tagliate come rami secchi. Le città erano il luogo di incontro e di integrazione sociale e sono oggi ridotte a mero conto economico in cui i cittadini e i loro bisogni scompaiono. Le città abdicano dunque al loro ruolo storico e rischiamo la scomparsa del welfare.

Paradigma di questa nefasta cultura urbana è il caso del recente terremoto che ha colpito Amatrice e il comprensorio circostante. In quella terra aspra caratterizzata storicamente da un insediamento frammentato, la ricostruzione ancora stenta a partire. I moduli abitativi di emergenza vengono consegnati con il contagocce e in alcuni di essi sono già presenti i segni del degrado dovuto a una scadente costruzione. Lo Stato, che nei terremoti del Friuli e dell'Umbria aveva saputo fornire un esempio di efficienza e correttezza, sembra scomparso per la penuria di finanziamenti. Amatrice e gli altri borghi sono ancora invasi dalle macerie dei crolli.

Anche sul fronte della sicurezza della popolazione contro i cambiamenti climatici non si trovano risorse. Solo nel 2014 ci sono stati quattordici eventi atmosferici estremi che hanno causato la morte di diciassette cittadini e danni incalcolabili. Nella versione iniziale dello "Sblocca Italia" del governo Renzi, all'articolo 7 erano previsti centodieci milioni di euro a fronte dello stanziamento di circa quattro miliardi per le grandi opere: si pensi che i soli danni nella città di Genova per le due alluvioni che l'hanno colpita di recente ammontano a oltre un miliardo.

La forma che stanno assumendo oggi le città non si pone dunque come evoluzione del modello storico che conosciamo. Siamo al contrario di fronte a una discontinuità epocale e con essa dobbiamo saper fare i conti. In ogni fase della storia delle città, qualunque fosse la forma sociale e giuridica del sistema di comando, esisteva sempre un senso di appartenenza tra la popolazione urbana. Erano gli spazi e i servizi pubblici a delimitare il perimetro fisico di quella appartenenza. La causa principale del declino delle città sta nell'eclisse del governo pubblico: le difficoltà economiche in cui si dibattono le città non permettono di delineare il futuro, e gli organismi urbani sembrano andare verso un'inarrestabile decadenza.

E mentre la città pubblica declina, gli interventi privati vivono una fase di effervescenza grazie alla cancellazione di ogni regola. Questa svolta è stata imposta da un insieme di leggi che hanno favorito la tendenza in atto: dal "piano casa" inventato dal governo di centrodestra a partire dal 2008 e acriticamente applicato da tutte le regioni di centrosinistra, alla serie continua di provvedimenti che hanno riproposto la cancellazione delle regole urbane come strumento per la ripresa economica del paese: "Salva Italia" (2011), "Cresci Italia" (2012), entrambi del governo Monti; decreto "del Fare" (2013), del governo Letta; e lo "Sblocca Italia" (2015), del governo Renzi. Solo per restare ai provvedimenti successivi alla crisi del 2008.

Gli anni di *deregulation* non hanno soltanto distrutto welfare urbano e vivibilità delle città, ma hanno anche prodotto l'impoverimento di sempre più ampi strati di popolazione. Dall'inizio della crisi finanziaria a oggi i valori immobiliari delle periferie urbane, delle aree interne e del sud sono diminuiti mediamente del cinquanta per cento: un impoverimento generalizzato che non ha precedenti e di cui pochi parlano. Il liberismo ha trionfato anche perché ha saputo illudere che le liberalizzazioni avrebbero provocato una diffusione della ricchezza individuale attraverso l'aumento dei valori immobiliari. Per la verità dal 1993 al 2008 quei valori hanno subito una crescita continua, ma ora che la crisi ha mostrato il volto effimero dei meccanismi di accumulazione della rendita molte famiglie proprietarie di un solo immobile hanno perduto margini di sicurezza sociale perché il valore su cui contavano si è notevolmente ridotto. Continuare a espandere le città e costruire nuove abitazioni significa incrementare il processo di diminuzione dei valori immobiliari già in atto. L'Istat ha diffuso alla fine del 2014 i dati disaggregati del patrimonio immobiliare italiano del censimento 2011 che denunciano l'esistenza di circa tre milioni di alloggi vuoti invenduti. Si continua dunque a costruire non per soddisfare nuovi bisogni endogeni ma per assecondare le esigenze di investimento della finanza internazionale.

Se fermiamo la macchina dell'espansione urbana che ci indebita sempre di più e se colpiamo una volta per tutte la rendita parassitaria, se insomma torniamo a interessarci della città esistente e non della folle politica di espansione che non ha più ragione di esistere, allora le aziende sane che in questi anni hanno resistito alla crisi potranno insieme a quelle di nuova formazione riprendere ad avere fiducia. Ricominciare a costruire il futuro in termini di dotazioni tecnologiche e di occasioni di intervento. È un modello noto nei paesi d'oltralpe dove da oltre venti anni si ristrutturano quartieri rendendoli energeticamente sostenibili, migliorandone la vivibilità e le dotazioni di trasporto urbano. Una filiera di lavoro infinita. La sola che può farci uscire dalla crisi economica e dal debito che paghiamo all'urbanistica contrattata, che ci ha portato al fallimento.

La finanza internazionale cancella anche gli Stati

Un caso paradigmatico sulle conseguenze della concezione liberista della città si coglie nella vicenda del previsto trasferimento di alcune sedi del Ministero della difesa nazionale oggi ubicate lungo via XX Settembre. L'ultima legge finanziaria ha previsto risorse per la costruzione del nuovo comprensorio a Centocelle, nell'area militare dell'aeroporto realizzato durante il fascismo. Negli incontri che ho avuto da assessore con i vertici militari ho posto tre questioni. La prima riguarda l'aiuto per realizzare la tramvia lungo la via Palmiro Togliatti che da anni viene chiesta dai cittadini e che potrebbe tornare utile anche agli addetti del Ministero per recarsi al lavoro. La seconda è relativa alla bonifica del parco di Centocelle strappato da tempo dalle lotte di tanti cittadini ma che ancora oggi è costretto a convivere con la più imponente concentrazione di rottamatori d'auto d'Europa. In nessun paese civile si tollera che una funzione così nociva per l'inquinamento ambientale si svolga ai margini di un parco. La terza riguarda il destino degli immobili dismessi di via XX Settembre su cui si sarebbe dovuto ragionare per trovare una soluzione condivisa da entrambe le istituzioni.

Ho avuto un convinto riscontro da parte dei vertici militari ma è evidente che il governo delle città sfugge ormai alle logiche che abbiamo conosciuto nel passato e il dominio dell'economia liberista prevale anche sugli Stati nazionali. È Salvatore

Settis, da sempre in prima fila nella difesa del patrimonio pubblico della nazione, a lanciare l'allarme della svendita del patrimonio storico di via XX Settembre:

> Dato che lo Stato maggiore si sposterà nella nuova sede di Centocelle, uno Stato del golfo Persico (a quel che pare, il Qatar) avrebbe offerto di acquistare la sede di via XX Settembre (per intenderci: a un passo dal Quirinale) per destinarla alla propria ambasciata. E, con una sottomissione degna di miglior causa, la difesa propone una norma che possa servire da foglia di fico di questa operazione. Il Ministero, lo dice l'emendamento, ha evidentemente bisogno di introiti per non meglio specificate «esigenze di funzionamento e di investimento». La relazione illustrativa prevede che la norma, se approvata, si estenda a tutti gli edifici pubblici, anche a immobili del demanio culturale: la procedura di cessione agli Stati esteri prevede un decreto del presidente del Consiglio su proposta del ministro degli esteri e del ministro di volta in volta interessato (oggi la difesa, domani le infrastrutture o la giustizia), con l'intesa del ministro dei beni culturali. Tutti i Ministeri sono invitati da ora in poi, se hanno esigenze di bilancio, a mendicare all'estero. Impallidisce, al confronto, il fallimentare programma di cartolarizzazioni e dismissioni avviato da Tremonti e Berlusconi nel generale ludibrio. E si inaugura, se questa norma passerà, la stagione di una grande svendita dello Stato ai petrodollari. Complimenti al ministro della difesa, che sta provando a pugnalare alle spalle il demanio e lo Stato. Sarà per celebrare degnamente il centenario di Caporetto?[46]

Anche gli Stati sovrani, dunque, sono subalterni alle logiche dell'economia globalizzata. Del resto la stima degli economisti sugli effetti della recente riforma fiscale di Donald Trump approvata dal Congresso degli Stati Uniti prevedono un rientro di capitali oggi parcheggiati nei paradisi fiscali di tremila

---

46 Salvatore Settis, "Ma questo è un suicidio di stato", in *il Fatto Quotidiano*, 18 dicembre 2017.

miliardi di dollari. Di fronte a queste cifre gli Stati nazionali sono costretti ad arrendersi.

L'eccezione di Napoli

L'Italia cresce a ritmi minori di quelli dei paesi europei. Il motivo si trova anche nei sistemi urbani immensi e disarticolati. Le città in particolare non hanno sistemi di trasporto pubblici efficienti e innovativi e le disfunzioni del sistema sono un peso che non possiamo più permetterci. E in tema di crisi dei sistemi urbani la capitale non è sola. Roma è certo il punto di massima evidenza di un modello economico in crisi, ma anche le altre città italiane non stanno meglio.

Milano è riuscita a dare un'impressione di vitalità, ma a costi elevatissimi per le casse dello Stato. La effimera vicenda di Expo 2015 è stata infatti finanziata con due miliardi e un altro miliardo e mezzo è stato stanziato per il "Patto per Milano" del 2016. Ma gli effetti speciali stanno finendo e la città inizia a manifestare affanno. Torino, per colpa della scellerata politica delle grandi opere guidata dalle amministrazioni di centrosinistra, sta sfiorando il fallimento economico e la giunta Cinque stelle di Chiara Appendino ha deciso di tagliare il comparto culturale e pensa di privatizzare una parte dei trasporti pubblici. E va anche avanti il processo di svendita e snaturamento della Cavallerizza reale sulla cui difesa si erano spesi molti cittadini. Le difficoltà di Genova sono testimoniate dalla crisi del sistema idrogeologico ed economico: anche lì l'azienda dei trasporti sta per essere messa in vendita. Nella Firenze dominata dal renzismo, mentre si procede alla vendita sistematica del patrimonio pubblico, è crollato un tratto di Lungarno a pochi passi dalle Gallerie degli Uffizi. Le città del sud sono allo stremo per mancanza di risorse umane e per le contiguità con i poteri criminali.

Un bilancio amaro che rende urgente ricostruire un sistema di regole, l'unico in grado di farci uscire dalla crisi. E invece la china rovinosa della cancellazione di vincoli continua come se la realtà fallimentare non imponesse un bilancio critico. La Regione Emilia Romagna, una volta guida della buona urbanistica, vuole approvare a ogni costo una legge scritta dalla proprietà immobiliare e dalle imprese che abolirebbe di fatto i piani urbanistici.[47] La proposta di legge urbanistica della giunta di centrosinistra della Regione Sardegna, da tempo inserita all'ordine del giorno dei lavori del Consiglio regionale, metterebbe a rischio le coste scampate alla cementificazione. In questo caso oltre al mondo degli urbanisti è Italia Nostra, con la sua vicepresidente nazionale Maria Paola Morittu, a tentare di dare rappresentanza alle ragioni della tutela paesaggistica. La Regione Abruzzo ha di recente avviato l'iter di approvazione di una nuova legge sul governo del territorio identica alle precedenti. Infine, la Regione Lazio ha già approvato, l'11 luglio 2017, una legge sulla "rigenerazione urbana" che è la perpetuazione del sistema delle deroghe del piano casa berlusconiano.

La politica e le istituzioni non comprendono ancora il nodo culturale da sciogliere se si vuole far ripartire le città e l'Italia. In questi venti anni è stato cancellato il significato stesso della città pubblica facendo trionfare il "mercato" anche nei settori pubblici delle città, che storicamente sono stati sempre sottratti alle logiche ristrette dell'economia. Se restituiamo alla polis il suo significato di "bene comune" è solo con un rigoroso governo pubblico che potremo risolvere i problemi urbani. In questo ambito il prezioso lavoro di Paolo Maddalena *Il territorio bene comune degli italiani* dimostra che questa supremazia del pubblico sul privato oltre a essere un elemento della nostra storia è anche il pilastro che regge la nostra Costituzione.[48]

L'unico grande Comune italiano che in questi anni di *deregulation* ha saputo mantenere intatte le prerogative pubbliche nel governo del territorio è Napoli. Un gruppo di giuristi

---

47 Ilaria Agostini (a cura di), *Consumo di luogo. Neoliberismo nel disegno di legge urbanistica dell'Emilia Romagna*, Pendragon, Bologna 2017.

48 Paolo Maddalena, *Il territorio bene comune degli italiani*, Donzelli, Roma 2015.

coordinato da Alberto Lucarelli e di cui fa parte anche Maddalena ha redatto un regolamento sull'uso degli spazi e degli edifici pubblici che rappresenta una novità culturale nel panorama nazionale. L'asilo Filangieri e molti casi analoghi testimoniano di un modo intelligente di legare la soddisfazione dei bisogni sociali con l'uso delle proprietà pubbliche.

Ma non è solo per questo motivo che Napoli è una lodevole eccezione. Negli anni in cui tutti i Comuni si sono cimentati nella ricerca dell'estemporaneità e della firma delle archistar – la vicina Salerno dell'ex sindaco De Luca ne è un esempio da manuale – Napoli ha saputo guardare al futuro sulla base del piano urbanistico redatto negli anni Novanta da Vezio De Lucia e dall'impeccabile gruppo di lavoro istituzionale. Quel piano si basava su un ragionamento di lungo respiro che tentava di riportare ordine nel tessuto urbano e di dotarlo delle infrastrutture indispensabili. E mentre a Torino si sperperavano i soldi per le Olimpiadi invernali, a Roma per le piscine olimpiche ancora incompiute e per il nuovo Palazzo dei congressi, a Milano si urbanizzavano cento ettari (cento campi di calcio) per un baraccone effimero durato sei mesi, Napoli si è cimentata con il recupero dell'area di Bagnoli e con la realizzazione di un sistema di metropolitane che cambierà il volto della città. Così, se a Roma veniva definanziata una metropolitana che avrebbe raggiunto quartieri periferici come San Basilio, la città partenopea ha realizzato una rete che già collega l'estrema periferia degradata di Scampia con il centro della città.

È evidente che con una metropolitana non si risolvono i problemi della criminalità imperante e del degrado sociale. Anche Napoli è infatti indebitata e spesso sale agli onori della cronaca per atti di violenza che coinvolgono ormai giovanissimi. Non è all'urbanistica che spetta risolvere quei problemi giganteschi, che devono avvalersi di politiche mirate, del potenziamento del sistema scolastico, della creazione di prospettive di lavoro e di vita. Ma il governo del territorio è uno strumento prezioso che può favorire la rinascita delle città. Oggi Napoli vede crescere la presenza turistica e, pur con tutti i problemi, può guardare con meno affanno al futuro. Il sindaco Luigi De Magistris, oltre a difendere il piano, ha conseguito due altri traguardi. Ha pedonalizzato il lungomare trasformandolo da "autostrada" urbana a luogo di bellezza. Ha poi difeso con forza i diritti del Comune di fronte a un attacco da parte del governo Renzi che con lo "Sblocca Italia" aveva commissariato di fatto il futuro di Bagnoli sottraendolo alle prerogative istituzionali dell'amministrazione comunale. De Magistris si è opposto a questa violazione delle regole democratiche e ha concluso un accordo sul futuro di Bagnoli che cambierà il volto di Napoli.[49]

I segni del declino di Roma

A Roma ci sono fabbriche e uffici che chiudono; il piccolo commercio che abbassa le saracinesche; i servizi pubblici che scompaiono. Mancano risorse per portare i servizi nel territorio devastato dalla speculazione e dall'abusivismo e per competere con i livelli di efficienza delle città europee, con la loro capacità di fare rete e richiamare investimenti privati proprio in virtù dell'alto livello di funzionalità dell'organismo urbano. Nella crisi globale una struttura forte del territorio è un potente fattore di traino di nuove attività: territori a bassa densità, come la Roma speculativa e abusiva, non sono invece in grado di competere con i livelli di concentrazione di servizi esistenti nelle altre città del mondo.

Il modello dell'espansione urbana romana è durato ininterrottamente dal 1870 ed era sostenuto dal consenso: posti di lavoro nell'edilizia, nell'indotto e nelle attività commerciali che seguivano la città nella sua crescita. Era tenuto in piedi da una spesa pubblica imponente. Roma si è indebitata per realizzare strade, scuole, per garantire il trasporto pubblico. La proprietà

---

49 *Cfr.* Giacomo Russo Spena, *Demacrazia. Il popolo è il mio partito. Il manifesto di Luigi de Magistris,* Fandango, Roma 2017.

immobiliare ha invece incamerato fortune con il meccanismo della rendita e mentre il pubblico provvedeva alla costruzione di una città diffusa e frammentata.

Il settore produttivo che ruotava intorno all'edilizia ha avuto un ruolo enorme nella storia della città: il suo peso sulla produzione complessiva della ricchezza a Roma raggiungeva valori doppi rispetto a quelli nazionali. Con la crisi economica si sono perse decine di migliaia di posti di lavoro e ciò ha contribuito al complessivo clima di depressione economica che la città vive a partire dal 2008. E oltre al comparto dell'edilizia la crisi non ha lasciato indenne alcun settore, evidenziando una vera e propria crisi di sistema.

Il comparto della pubblica amministrazione è stato il perno su cui si sono basate le fortune di Roma. Dal 2008 al 2011 i dipendenti pubblici sono diminuiti di centocinquantamila unità nell'intero paese e questo processo ha coinvolto anche la capitale. In prospettiva, sulla base dei provvedimenti del ministro Madia, è evidente che assisteremo nei prossimi anni a un'ulteriore diminuzione del numero degli addetti. Il comparto del credito ha subito gli effetti della crisi del 2008 e gli effetti dei processi di concentrazione e mondializzazione del settore. La Banca nazionale del lavoro è stata rilevata nel 2011 dal gruppo francese Paribas e questa fusione ha prodotto tagli agli sportelli presenti in città. La crisi del gruppo Monte dei Paschi di Siena ha comportato la riduzione della sua presenza in città. Si calcola che negli anni della crisi il numero degli addetti nel settore sia sceso di cinquantamila unità a livello nazionale. A Roma la crisi ha colpito anche i servizi rari, come il trasporto aereo. L'Alitalia, la compagnia di bandiera che negli anni di maggior splendore ha avuto fino a ventimila addetti, nell'ultimo accordo aziendale ha definito una quota di "esuberi" (così l'economia di mercato definisce le persone reali) di diecimila lavoratori. Il comparto sanitario è stato decurtato nella sola capitale di altri diecimila posti di lavoro.

La tenuta dell'economia romana allo stato attuale ha i punti di forza in due settori: il turismo comprensivo della filiera del commercio e il sistema audiovisivo. Nel primo caso si tratta ormai del settore di punta della città. Nel 2015 ci sono state più di quaranta milioni di presenze turistiche che oltre all'accoglienza hanno alimentato anche il gigantesco sistema di somministrazione di pasti e bevande che ormai connota l'intero centro storico.[50] Nel segmento del sistema audiovisivo, invece, a fronte di un leggero calo del numero degli addetti nell'azienda Rai e delle difficoltà del polo di Cinecittà avviato verso l'ennesima speculazione immobiliare, è confortante assistere a una proliferazione del numero di aziende private che opera nel sistema della comunicazione.

Parallelamente alla perdita di settori di lavoro pubblici e privati, il segnale grave dell'involuzione romana sta anche, e soprattutto, nell'espansione dell'economia illegale che non controlla più soltanto le tradizionali filiere di intervento, dal commercio di droga e dei prodotti contraffatti al gioco d'azzardo e all'usura, ma si è inserita stabilmente nel mondo dell'intermediazione immobiliare che permette, come dimostra un osservatore d'eccellenza del fenomeno come il magistrato Nicola Gratteri, di riciclare denaro sporco e enormi margini di guadagno.[51]

C'è infine il settore della formazione d'eccellenza che, pur in un quadro di tagli strutturali alle università, vede la presenza di atenei pubblici, di università private, degli atenei delle maggiori congregazioni religiose. Un patrimonio di saperi e intelligenze immenso, che coinvolge circa duecentomila studenti ogni anno. Un patrimonio che ha generato importanti centri di ricerca di eccellenza, come l'Enea e l'Istituto nazionale di fisica nucleare di Frascati, e che si collega anche con il funzionamento dei grandi ospedali pubblici e privati,

---

50 Il volume di Marco D'Eramo, *Il selfie del mondo*, Feltrinelli, Milano 2017, è un illuminante racconto delle distorsioni provocate dal settore turistico globalizzato sui sistemi urbani.

51 *Cfr.* Nicola Gratteri, Antonio Nicaso, *Fiumi d'oro*, Mondadori, Milano 2017, in particolare il capitolo VII, "Sangue e cemento, veleni e ricchezza: perché investire nel mattone".

che rappresentano in molti casi delle eccellenze a livello internazionale.

Durante il 2017 i segnali del declino si sono accentuati. Nel mese di maggio Sky annuncia di voler chiudere la sede romana e trasferire a Milano l'intera redazione. Poche settimane dopo è Mediaset ad annunciare il trasferimento dei centri di produzione romani nella sede centrale milanese. Infine la Esso fa trapelare l'intenzione di chiudere la sede romana per ricollocarla nell'area milanese.

Dopo oltre centoquarant'anni anni di crescita ininterrotta Roma capitale scorge un possibile declino e se si vuole superare la crisi in atto c'è da mettere mano a un progetto condiviso di lungo respiro. A luglio, dalle pagine della cronaca del *Corriere della Sera* è Sergio Rizzo, giornalista sempre molto attento ai temi della città, a lanciare l'allarme chiedendo alla società civile romana di contribuire alla ricerca di idee e soluzioni per risalire la china.[52]

Le motivazioni dei trasferimenti d'azienda derivano anche dallo stato di una città che non funziona. Gli studi di Sky sono accessibili direttamente solo per chi proviene dall'esterno della città. Chi li raggiunge dall'interno deve superarli, utilizzare un cavalcavia e riscendere dal lato opposto. Adiacente alle strutture televisive, nonostante le continue proteste degli abitanti di Fidene, funziona una discarica dei rifiuti urbani dell'Ama. Il cattivo odore accoglie lavoratori e ospiti delle trasmissioni.

La Esso è localizzata in un complesso architettonico di grande qualità disegnato da Lafuente, autore anche dell'ippodromo di Tor di Valle che si vorrebbe sacrificare per realizzare lo stadio della Roma. Per entrare nel quartiere degli uffici del Parco de' Medici si deve utilizzare un sottopassaggio carrabile così stretto da non consentire il passaggio delle automobili nei due sensi di marcia. Chi ci lavora impiega anche quindici minuti per superare quella strettoia. Il quartiere degli uffici

---

52 Sergio Rizzo, "Dopo Sky ora tocca al Tg5", in *Corriere della Sera*, 17 maggio 2017.

funziona in quel modo da quarant'anni, ma non sono state mai trovate le risorse per allargare il sottopasso. A Roma non si pensa di risolvere i nodi che la soffocano, si pensa soltanto a espanderla in ogni direzione.

Naturalmente dietro questi abbandoni ci sono anche motivazioni legate alla razionalizzazione di gruppi che operano sull'intero scacchiere mondiale, ma è proprio qui che si gioca il destino della città. I gruppi globalizzati non sono infatti più legati all'immagine del luogo che li ospita ma si muovono liberamente sullo scacchiere nazionale e internazionale. È il loro marchio d'azienda a rappresentare l'elemento connotativo, non la città che ne ospita gli impianti produttivi. Le imprese globalizzate possono dunque scegliere di trasferirsi in città che funzionano meglio, dove spostarsi è più facile.

Roma si trova dunque dentro un frangente storico in cui può imboccare la via del declino oppure ritrovare la visione d'insieme che può garantire un altro periodo di benessere per la popolazione. Ma per salvare Roma serve un'idea di città all'altezza dei tempi.

Roma e le idee di città che hanno funzionato

Nel recente passato ci sono stati momenti nodali della storia urbana in cui si è saputo guardare lontano. Nell'economia di questo volume è utile limitarci a poche idee di città senza pretese sistematiche.

La prima risale alla costruzione della Roma del nuovo Stato unitario. Il progetto di costruire sull'asse dell'antica via Alta Semita – l'attuale via XX Settembre – le nuove strutture ministeriali è stata un'idea di grande forza urbana, che ha portato nel corso dei decenni successivi, lungo l'asse della via Nomentana, alcuni dei più bei quartieri residenziali di Roma, oltre che le sedi centrali dell'arma dei carabinieri e della guardia di finanza. È su questa parte di città che ancora oggi si condensano interessi di trasformazioni di qualità come ad esempio le localizzazioni dell'Università Luiss, il più importante ateneo privato italiano. In quei primi anni di amministrazione presidenti del Consiglio, ministri e sindaci di prestigio, a cominciare da Quintino Sella, hanno saputo collaborare al disegno della nuova capitale dello Stato unitario.

Nel primo decennio del Novecento Ernesto Nathan interpretò l'esigenza di modernizzare la città sull'esempio delle altre capitali mondiali, costruendo la struttura dei grandi servizi pubblici nel quadrante Ostiense. Insieme a questa importante attività, che porterà tra l'altro alla creazione della società pubblica di trasporto urbano che oggi si vorrebbe privatizzare di nuovo, Nathan dedicò grandi energie alla costruzione di alloggi popolari e alla diffusione delle strutture scolastiche anche grazie all'aiuto di grandi personaggi come Sibilla Aleramo. Anche in questo caso il rapporto con lo Stato fu decisivo e il progetto di trasformazione di Ostiense prese corpo grazie alle idee e alle azioni di Paolo Orlando.

Negli anni Settanta il fermento intellettuale e sociale ebbe di nuovo la forza per porre la questione del destino della città. Convegni, elaborazioni teoriche e idee di straordinario livello trovarono il clima adatto per diffondersi, diventare patrimonio comune e avviare la collaborazione con i poteri dello Stato. Sulla spinta post conciliare il mondo cattolico si cimenta con la città. La scuola di sociologia romana che ruota intorno a Franco Ferrarotti e il Censis di Giuseppe De Rita elaborano interpretazioni complessive della fase di vita della città. Il mondo della cultura storica, archeologica e urbanistica, con Antonio Cederna, Italo Insolera e Adriano La Regina, impone il tema del parco archeologico dei Fori imperiali e dell'Appia antica. Dirigevano i più importanti giornali cittadini Vittorio Emiliani (al *Messaggero*, di proprietà dell'Iri) e Arrigo Benedetti (a *Paese Sera*).

I frutti di quell'effervescenza culturale furono la legge Biasini, che diede programmi e risorse per la costruzione del grande polo museale romano, e la legge per Roma capitale proposta da Enrico Berlinguer e preparata con i contributi di Antonio

Cederna, allora deputato al Parlamento.[53] I partiti politici, il mondo intellettuale, la classe dirigente locale e quella statale furono in grado di interpretare il bisogno profondo di cambiamento che la società romana chiedeva.

Tre sindaci di centrosinistra si alternarono alla guida della città tra il 1975 e il 1985 (Giulio Carlo Argan, Luigi Petroselli e Ugo Vetere, che si avvalsero dell'azione di un vice sindaco socialista di eccezione come Alberto Benzoni) e presero a cuore il recupero delle periferie fornendole di quei servizi sociali che oggi vengono sistematicamente chiusi. Per cancellare la vergogna dei nuclei di baracche dove vivevano migliaia di famiglie, venne realizzato in tempi rapidissimi e senza nessuno scandalo il quartiere di Tor Bella Monaca, che diede un'abitazione a oltre ottomila famiglie. Anche in questo caso l'iniziativa comunale si avvalse della collaborazione con lo Stato che finanziò la costruzione del quartiere.

A cavallo degli anni Novanta si affermò l'ultima idea pubblica della città. Walter Tocci, vicesindaco e assessore alla mobilità della prima giunta eletta dopo il periodo di Tangentopoli (sindaco Francesco Rutelli), fece diventare tema centrale la "cura del ferro", e cioè il progetto di costruire una rete di trasporto pubblico su rotaia. Dietro quello slogan c'erano analisi approfondite, progetti concreti e tecnici capaci di inverarli. Politici capaci trovarono risorse adeguate. In quegli anni fu costruita la prima rete integrata su ferro. Il sogno durò poco e la sinistra conobbe un'involuzione culturale che è la causa delle attuali traversie, la città pubblica fu abbandonata e furono abbracciate – a Roma e nell'Italia intera – l'urbanistica contrattata e l'economia liberista. Da quel periodo abbiamo assistito al crollo verticale della funzione pubblica perché entrambi gli schieramenti politici convergevano su un'identica cultura urbana.

---

53 La legge 23 marzo 1981, n. 92, "Provvedimenti urgenti per la protezione del patrimonio archeologico della città di Roma", stanziava centottanta miliardi di lire in cinque anni a favore delle soprintendenze.

Eppure dalla società romana continuano ad arrivare idee e proposte di grande rilievo. Intellettuali e società civile si interrogano sul futuro della città e Roma è caratterizzata dalla presenza di un grande numero di comitati di cittadini che tentano di difendere – senza poter fare affidamento sul sistema dei partiti – le condizioni di vita dei propri quartieri.

Un tratto comune attraversa queste idee che provengono da settori molto differenti tra loro, quello di tentare di ritrovare la forza per delineare un progetto complessivo, tema su cui insiste molto Giuseppe De Rita.[54]

Un'idea di città per uscire dal declino

Le città vivono e si trasformano grazie all'azione combinata di quattro elementi. La presenza di una classe dirigente che si fa carico delle esigenze complessive di tutti i ceti sociali; un flusso di finanziamenti adeguato ad alimentare la struttura pubblica delle città; architetti e urbanisti in grado di fornire regole e progetti per il futuro; rivendicazioni che provengono dai conflitti sociali e urbani. La storia meravigliosa delle nostre città è pubblica: sono la lungimiranza e la genialità delle idee che delineano il futuro urbano ad aver fornito quei caratteri di bellezza e compiutezza dei centri storici che il mondo ci invidia.

I pilastri su cui si è costruita la millenaria storia delle città sono stati demoliti dall'economia neoliberista. Con le politiche monetarie di contenimento della spesa pubblica sono stati tagliati selvaggiamente i finanziamenti agli enti locali. Solo per restare al breve periodo, dal 2008 al 2013 sono stati tagliati diciassette miliardi di euro. Sul fronte della classe dirigente, degli architetti e degli urbanisti che la supportano, è un acuto osservatore della realtà italiana come Gian Antonio Stella a fornire

---

54 Giuseppe De Rita, "Senza progettualità la politica non riesce a pensare al futuro", in *Corriere della Sera*, 27 settembre 2016.

la chiave dello sfascio che viviamo. L'Università di Tor Vergata ha affidato la progettazione del nuovo rettorato all'architetto Zampolini, progettista del gruppo che ha lucrato sulla tragedia del terremoto de L'Aquila per poi continuare le proprie azioni a Roma. La qualità delle nostre città crolla perché è alimentata da questi desolanti livelli di etica e professionalità.[55]

Occorre pertanto dare il segnale che questa fase si chiude per sempre e che l'etica pubblica e le competenze ritornano a essere i fari che guidano il governo della polis. Le energie indispensabili per ridare fiducia a una città in declino sono molte e diffuse. La ricchezza delle strutture della formazione universitaria regge il confronto con le altre città capitali. Il problema è che manca l'idea unificante dei singoli atenei e manca un'idea di città in grado di valorizzare questo sistema delle eccellenze. Ad esempio, se La Sapienza soffre di frammentazione per una diffusione casuale nei quartieri limitrofi all'insediamento originario, la seconda università di Tor Vergata soffre – dopo oltre trent'anni dall'avvio dell'attuazione del comprensorio – della mancata precisazione del progetto e della colpevole assenza di trasporti pubblici su rotaia. La casualità del disegno del primo ateneo e la penuria di finanziamenti di cui soffre il secondo sono le cause di preziose occasioni perdute.

È possibile recuperare una città così frammentata e casuale trasformandola in un organismo che possa produrre anche nell'immaginario urbano l'idea del cambiamento?

Roma funziona intorno a quattro poli urbani d'eccellenza. Il centro storico che accoglie le strutture direzionali dello Stato e si estende ormai dai quartieri strutturati intorno a via Nomentana fino all'Eur attraverso via Cristoforo Colombo. A est il comprensorio di Centocelle diventerà il pilastro della difesa nazionale e gli effetti di induzione di qualità nei quartieri limitrofi rappresenteranno un elemento di novità nel panorama della recente storia urbana di Roma. Fuori dal perimetro

---

55 Gian Antonio Stella, "L'amico della cricca nella nuova Tor Vergata", in *Corriere della Sera*, 7 dicembre 2011.

urbano, sempre nel quadrante orientale, i due centri di ricerca di eccellenza rappresentati dall'Enea e dall'Istituto di fisica nucleare di Frascati sono una realtà d'eccellenza nel panorama internazionale. Nel quadrante meridionale adiacente al territorio romano c'è infine da considerare il polo farmaceutico del triangolo Pomezia, Aprilia e Cisterna di Latina dove convivono produzione e centri di ricerca di primaria importanza.

Solo il sistema che si estende da via Nomentana all'Eur può giovarsi di una struttura urbana in grado di moltiplicarne il valore intrinseco. Intorno ai due grandi assi viari della Nomentana e della Colombo nel corso degli anni sono stati realizzati importanti servizi: musei, la terza università, parchi e sistemi di trasporto su rotaia. Gli altri poli citati sono ancora senza un progetto chiaro, generati spesso per giustapposizioni indotte da logiche particolari e questo elemento ha un'enorme effetto depressivo sull'immagine della città. Insomma, Roma presenta importanti frammenti di eccellenza e solo se questi poli avranno un legame fisico e simbolico che ritroviamo in ogni altra capitale del mondo potremo pensare di uscire dalla crisi.

Sta qui l'importanza della realizzazione del sistema di trasporto su rotaia che avrebbe potuto essere concretizzato sfruttando l'avventura olimpica, o con la proposta del "Patto per Roma". O del ragionamento sul luogo dove far concludere il tracciato della linea C della metropolitana. Da San Giovanni si pensa di concluderla nel quartiere di Prati di Castello, già fortemente caratterizzato e servito dalla linea A della metropolitana: perché dunque non pensare di fornire a una periferia estrema come Corviale un servizio che potrebbe mettere in moto l'evoluzione sociale? Sui tracciati di queste nuove linee di forza dovrà iniziare l'opera di riqualificazione delle periferie informi. Qui c'è un ritardo culturale enorme da superare perché si continua a pensare ai quadranti che sono già qualificati. Nel mese di dicembre 2017 è stato definitivamente chiuso il Museo orientale sito in palazzo Brancaccio. Il ministro Franceschini ha pensato di localizzarlo, senza confrontarsi con il Comune di Roma, all'Eur, quartiere qualificato che già vanta numerosi musei. Per le periferie non ci sono idee e prospettive, solo abbandono.

Diventa centrale in tal senso il ruolo delle proprietà pubbliche. Ad esempio l'ateneo di Tor Vergata ha a disposizione almeno cento ettari di terreni inedificati e non impegnati da altre destinazioni vincolanti. Tant'è vero che nel tentativo di candidatura per le Olimpiadi del 2020 e del 2024 quegli ettari preziosi venivano impegnati con la modesta idea di costruirvi gli alloggi per gli atleti. Si tratta di passare da queste logiche di corto respiro a una visione lungimirante. Quelle aree possono rappresentare la preziosa occasione per ipotizzare la nascita di strutture di eccellenza per la ricerca o per la salute. Il polo scientifico di Frascati è a poca distanza. Il polo farmaceutico pontino è facilmente raggiungibile già allo stato attuale. Occorre soltanto avere il coraggio di tentare di uscire dalle secche di visioni anguste e di guardare lontano.

Mancano ancora quattro tasselli per un progetto per Roma. La capitale non può continuare a ignorare la sofferenza abitativa che la soffoca. Le oltre cento occupazioni di immobili pubblici e privati in atto devono trasformarsi da una questione di ordine pubblico a una prospettiva di riscatto sociale. Insieme alle eccellenze di cui abbiamo parlato bisogna costruire la città della solidarietà e dell'inclusione. Almeno la metà di quelle occupazioni possono essere sanate con poco sforzo perché insistono su immobili di enti pubblici. Vanno sanate con il rigore indispensabile, ma chiedendo modesti sacrifici alle istituzioni proprietarie. Attraverso il meccanismo dell'autocostruzione anche un altro segmento delle occupazioni esistenti potrà trovare una soluzione dignitosa capace di mettere in moto anche risorse private. E infine, per la parte di occupazioni impossibili da mantenere, occorre trovare prima una soluzione dignitosa. Basta con gli sgomberi senza soluzioni alternative concrete. Per risolvere le occupazioni si deve utilizzare il patrimonio pubblico a partire dalle caserme dismesse dallo Stato. È certo un problema di risorse economiche, ma anche in questo caso dobbiamo guardare fuori dal nostro recinto. A Parigi e a Londra lo Stato centrale eroga una cifra annua superiore al miliardo di euro, mentre Roma deve restituire cinquecento milioni ogni anno. Berlino è stata capace di ospitare oltre un milione di profughi siriani utilizzando, tra gli altri, il vecchio aeroporto, mentre Roma riempie le pagine mondiali con lo sgombero degli ottocento rifugiati di piazza Indipendenza. Gli edifici pubblici, dalle caserme al colpevole abbandono di gioielli come gli ex ospedali Forlanini e San Giacomo, devono servire a sollevare la città dalla spirale del grave disagio abitativo.

Dopo la città delle eccellenze e della solidarietà, un'altra idea riguarda la costruzione della città del benessere ambientale. L'utilizzazione a fini produttivi agricoli delle grandi proprietà pubbliche presenti nella corona urbana da parte di aziende come Cobragor, Agricoltura nuova, Capodarco, Coraggio, Trattore, non sono più soltanto baluardi difensivi contro il dilagare del cemento. Erano certo nate con quell'obiettivo ma l'idea iniziale si è evoluta verso modelli di grande interesse. Sono ormai aziende solide che producono reddito, che creano lavoro per i portatori di handicap e che tutelano la qualità paesaggistica e ambientale dei luoghi. A questo sistema di aziende dobbiamo poi aggiungere i due istituti agrari che tutelano e coltivano con l'azione di tanti studenti centinaia di ettari e tante esperienze di uso solidale della proprietà inverate da piccole comunità o dalla grande Città dei ragazzi. Quest'insieme di realtà è il futuro sostenibile di Roma.

So bene che la somma degli occupati di tutte queste realtà produttive non supera quella degli addetti che lavorano ventiquattro ore al giorno nell'enorme capannone di Amazon che ha sconvolto per sempre la valle del Tevere a nord di Roma. Ma so per certo che è soltanto con una nuova cultura che possiamo pensare di superare la crisi. I comprensori di Castel di Guido e di Tor Marancia, ad esempio, devono diventare rapidamente altri tasselli del progetto di rinascita della città. La produzione agricola d'eccellenza circonderà Roma con una serie di luoghi caratterizzati anche dalle radici della storia, dall'area archeologica di Cecanibbio ai casali di Decima.

Altra idea, la più importante dal punto di vista della creazione di un profondo e diffuso sentimento di orgoglio cittadino, riguarda la creazione della città della cultura delle periferie, e cioè di un polo culturale e museale periferico esattamente identico a quello creato quarant'anni fa per il centro della città. La legge Biasini del 1981 ha contribuito a realizzare il polo museale più importante del mondo, come Palazzo Massimo, Palazzo Altemps, e all'avvio – tutt'oggi incompiuto – del progetto Fori di Leonardo Benevolo e Francesco Scoppola. In quel periodo, grazie al contributo di un personaggio d'eccellenza come Adriano La Regina alla guida della soprintendenza statale, la priorità era senza dubbio quella della tutela e del potenziamento del polo archeologico e museale centrale.

Da allora grazie al lavoro delle soprintendenze è stato sottratto alla devastazione un patrimonio immenso. Tracce di strade basolate sono presenti in molti quartieri periferici, da Tor Vergata al Quartaccio, da Tor Bella Monaca a Colle delle Gensole all'Ardeatino, da Lucrezia Romana alla Prenestina. Questi gioielli sono stati spesso lasciati all'incuria e all'abbandono. La strada che attraversa Tor Bella Monaca è una discarica di rifiuti ingombranti; a Tor Vergata per un periodo era stata fissata tra i basoli una conduttura idrica in ferro. Sono luoghi che stanno al centro di quartieri e potrebbero contribuire a diffondere l'idea che anche le periferie desolate possano diventare belle. Il piccolo e prezioso Antiquarium di via Lucrezia Romana è aperto solo due o tre giorni alla settimana e la stessa Villa di Livia non gode di migliore fortuna. Il parco della Villa dei Sette Bassi non è ancora aperto. E l'elenco non finirebbe mai se si pensa ai siti archeologici del lago di Castiglione, di Monte Cugno, di Crustumerium o del deposito militare di Vitinia, un polmone di cinquanta ettari di verde e di preesistenze storiche e archeologiche ancora chiuso alla città nonostante la richiesta portata avanti da oltre dieci anni dal comitato dei cittadini guidato da Paola Badessi. Una rete di bellezza unica al mondo immersa nella periferia sfigurata dalla speculazione edilizia.

Le tracce di una nuova idea di città si trovano nella sistematica azione di creazione del polo archelogico e museale dell'Appia antica, che nella mente di Italo Insolera era il meraviglioso parco urbano che ridisegnava il futuro dei quartieri prospicienti. Grazie all'insostituibile azione della direttrice Rita Paris, il complesso di Capo di Bove, la Villa e l'Antiquarium dei Quintili, con il recente ampliamento al complesso di Santa Maria Nova, rappresentano un insieme unico, attuato con fatica per la penuria di risorse umane ed economiche. Occorre estendere quell'esempio a tutti i rinvenimenti che giacciono abbandonati nelle anonime periferie romane. La storia e la bellezza avranno la forza di invertire il senso di smarrimento che la città vive.[56] Dalle scuole dell'obbligo di tutta la periferia si potrà uscire non solo per la visita ai Fori e ai tanti altri luoghi centrali, ma per comprendere che la storia ha creato anche in tanti luoghi apparentemente marginali le condizioni per un futuro migliore. Per rispettare e amare luoghi che non sono fatti soltanto di anonimi edifici ma di piccole eccellenze.

Il progetto olimpico alternativo che avevo sognato per trovare risorse per la città si concludeva con la maratona che avrebbe toccato i luoghi di bellezza che punteggiano le periferie romane. Sarebbe stata una vetrina mondiale sulle periferie al pari dell'indimenticabile conclusione del 1960 rimasta nell'immaginario collettivo per la superba bellezza della via Appia.

La nuova legge Biasini servirà per unificare nel segno della cultura una città stanca di speculazioni. E da questa legge dovrà anche essere ripreso il punto istituzionale centrale. Lì c'era scritto che il finanziamento di centottanta miliardi di lire era affidato alle tre soprintendenze romane. La bulimia della politica negli anni seguenti cancellò l'autonomia dell'allocazione delle risorse e il rispetto delle prerogative dello Stato. Con i provvedimenti che presero il nome dell'allora ministro Bassanini

---

56 Ruben Alves, *Fuori della bellezza non c'è salvezza*, Pazzini, Rimini 2015. Vedi anche Giancarlo Consonni, *La bellezza civile. Splendore e crisi della città*, Maggioli editore, Santarcangelo di Romagna 2013.

iniziò l'opera sistematica di demolizione delle strutture dello Stato. Nel marzo 2009 il governo presieduto da Silvio Berlusconi nominò addirittura commissario straordinario per l'area archeologica centrale di Roma Guido Bertolaso. Le proteste furono talmente estese che la nomina fallì sul nascere, ma era un intollerabile segnale di disprezzo verso il qualificato mondo delle soprintendenze. Un'involuzione che perdura ancora oggi attraverso la riforma del settore approvata dal ministro Franceschini sulla scia della cultura renziana: «soprintendenza è il nome peggiore del vocabolario italiano».[57] La ricostruzione che dovrà seguire al terremoto di Amatrice è stata, come noto, affidata a un commissario straordinario che ha a sua volta nominato un responsabile per le questioni della tutela scegliendolo al di fuori dal novero dei soprintendenti.

Il progetto culturale per le periferie romane sarebbe in tal senso una preziosa occasione per riavvolgere il nastro di un incubo durato fin troppo. Se lo Stato tornasse a interessarsi della sua capitale potrebbe aprire una stagione straordinaria per tutta l'Italia: finanziare il ritorno della bellezza nelle periferie urbane e dare concreto lavoro a tanti giovani preparati e motivati. Quelli che oggi sono spesso costretti a trasferirsi all'estero per mancanza di politiche utili a rilanciare un paese bloccato dalla speculazione immobiliare.

---

57 La denuncia del tentativo di ulteriore marginalizzazione dell'opera delle soprintendenze portato avanti dall'insieme delle riforme Franceschini è riportato nel volume di Vittorio Emiliani, *Lo sfascio del Belpaese. Beni culturali e paesaggio da Berlusconi a Franceschini*, Solfanelli editore, Chieti 2017, che contiene la storia degli attacchi portati al mondo della tutela negli ultimi venti anni. Da segnalare anche il lavoro continuo di Tomaso Montanari sulle pagine della *Repubblica* e sul sito www.emergenzacultura.it.

Il lago della Snia Viscosa
al posto di quattro grattacieli

È piena di sorprese Roma. Ogni volta che tutto sembra perduto e la speculazione immobiliare marcia trionfalmente verso l'ennesima violenza contro questa città disperata, accadono miracoli.

Al Prenestino, al riparo del muro di cinta della vecchia fabbrica Snia Viscosa, il proprietario (gruppo Pulcini) provò a precostituire le condizioni per la trasformazione di quel luogo ormai abbandonato dalla produzione. Gli scavi per realizzare un parcheggio interrato, le fondazioni e lo scheletro di cemento armato che ancora testimoniano il misfatto, furono eseguiti di notte. Non ci voleva molto a capire che il luogo era delicato sotto il profilo idraulico. Lo sapevano anche nell'antichità quando imposero alla zona il toponimo Acqua Bullicante. Ma non gli speculatori che leggono poco e malvolentieri. Nel 2015 nella fiera del libro fu presentata una statistica in cui si diceva che i manager che guidano l'economia mondiale non leggono neppure un libro durante l'intero arco dell'anno.

Per le ninfe che tutelano le acque fu dunque un gioco da ragazze. Le macchine che scavavano febbrilmente per consentire la solita valanga di cemento forarono la crosta di protezione della falda e così, quella notte, nacque un bel laghetto. Era il 1992 e nessuno avrebbe mai saputo nulla: sopra il lago erano previsti quattro grattacieli. Sarebbe stato uno delle centinaia di casi simili in cui spariscono ritrovamenti archeologici che potevano frenare la speculazione. E infatti gli autori dello scavo pensarono bene di deviare l'acqua nel sistema fognario. Ma le ninfe entrarono nuovamente in campo. La fognatura scoppiò per l'enorme flusso d'acqua e tutta la zona, fino a largo Preneste, si ritrovò allagata.

Musica per le orecchie del tenace comitato di quartiere, guidato da Daniele Pifano, e per il forum del Parco delle energie, che da anni chiedevano l'uso pubblico dell'intera ex fabbrica, per rendere un po' più vivibile quel pezzo di città costruito senza un filo d'erba. Il comitato, con una azione intelligente, ha chiesto alla Regione Lazio di apporre il vincolo di acqua pubblica sul lago e l'area è diventata ormai un parco a disposizione degli abitanti, specchio d'acqua compreso.

Roma aveva già quattro piccoli laghi urbani. Il primo all'interno del giardino segreto di Villa Borghese; il secondo nella Villa Doria Pamphilj; il terzo a Villa Ada-Savoia; il quarto all'Eur. Il primo nacque come elemento di auto celebrazione di una dinastia colta e mantiene le citazioni dei miti di cui si alimentavano le classi aristocratiche. Il secondo e il terzo fanno parte delle zone più naturali delle rispettive ville; il quarto è figlio del razionalismo che celebrava i fasti del fascismo quando ancora nessuno immaginava la rapida dissoluzione della tirannia.

È dal quinto lago che dobbiamo ripartire se vogliamo salvare Roma. Non è stato difeso per celebrare nessuno. È invece nato sulla spinta etica di rendere la città più bella e vivibile. È stato strappato al cemento sulla base di una concezione alternativa della città che mette al primo posto il benessere fisico e mentale di chi vive quei luoghi periferici costruiti senza decoro e senza qualità. Il lago non è pensato come un recinto chiuso, ma come un luogo per includere tutti. Nasce da un'idea antica: dare una speranza alle brutte periferie che la famelica speculazione ci ha lasciato in eredità. Non per nulla, il piccolo lago alimenta la vita. Le sue sponde sono coperte di vegetazione lussureggiante, è frequentatissimo dall'avifauna e i pesci sono arrivati come d'incanto richiamati da un'acqua benefica.

In quell'area si sono esibiti, poi, gli Assalti Frontali, il più famoso dei tanti gruppi rap che popolano le periferie romane, dedicando al lago, insieme al Muro del Canto, un brano bellissimo, *Il lago che combatte*. Gli altri quattro laghetti non hanno ancora avuto per loro sventura questo onore. Si canta solo per le periferie.

Le città non nascono belle. Lo diventano con il tempo, con idee innovative e con attenzioni progettuali. Abbiamo avuto una parentesi troppo lunga in cui una classe dirigente senza anima ha divorato questa meravigliosa città. È ora di fermare il cemento che distrugge l'agro romano e insidia addirittura i laghi. Ci sono centomila alloggi e decine di uffici vuoti. La via Cristoforo Colombo, una volta vetrina per i grandi gruppi imprenditoriali, presenta oggi almeno cinque grandi immobili di recente edificazione vuoti senza attività. Sono centinaia i capannoni abbandonati all'incuria.

È questa l'eredità dell'urbanistica contrattata che ha oscurato i bisogni sociali e sparso cemento ovunque attraverso l'istituto giuridico della "compensazione" urbanistica. Alla Snia Viscosa è stato inaugurato il primo caso di compensazione sociale: prima dei grattacieli viene il diritto alla polis. Si tratta di moltiplicare il caso in tutte le periferie romane che rischiano altre inutili violenze. È ora di tornare a una concezione inclusiva e rispettosa dei diritti inalienabili delle persone. Il diritto di vivere in una città bella e accogliente per tutti, non solo per coloro che possono permetterselo per capacità economica.

Ringraziamenti

Nei mesi della mia permanenza nell'assessorato all'urbanistica ho visto da vicino la pseudo cultura dei Cinque stelle affetta da una vera e propria ossessione per il personale dirigente e amministrativo del Comune di Roma. Soltanto Raffaele Marra e Salvatore Romeo erano considerati degni di fiducia, tutto il resto era giudicato imbelle o corrotto. In una delle più umilianti giunte municipali cui ho partecipato, un giovanotto dello staff del sindaco, di cultura vicina allo zero, presentò tre paginette con le istruzioni per porre sotto esame – per poi applicare le sanzioni – dirigenti e personale tecnico e amministrativo. Fui l'unico a dichiarare che considerare il rapporto con il personale come una questione disciplinare era semplicistico e autolesionista. Fui perciò nuovamente accusato di collusione con il nemico. Dopo due settimane fu arrestato Raffaele Marra, il pilastro su cui si reggeva il teorema contro il personale.

La cultura del sospetto, la diffidenza e la mancanza di fiducia sono un tratto indelebile della pseudo cultura dei Cinque stelle. È tipico dei neofiti generalizzare per alimentare la coesione di gruppi poco inclini al discernimento. Per questo grave deficit culturale sono stati allontanati uomini e donne di grande prestigio con l'unica colpa di non essere graditi al modesto "cerchio magico" del sindaco. Per un tempo molto limitato, ma sufficiente ad apprezzarne le qualità, ho potuto lavorare con dirigenti come Laura Benente, responsabile del personale, o con il team alla guida dell'economia capitolina, guidato da Stefano Fermante e Marcello Corselli, allontanati poi molto presto.

I nove mesi alla guida dell'urbanistica romana sono serviti invece per apprezzare il generale sentimento di lealtà e abnegazione da parte della stragrande maggioranza del personale. Ne cito pochi per motivi di spazio. Roberto Botta ha diretto in modo perfetto il comparto dei lavori pubblici caratterizzati da anni di malversazioni e ruberie alimentate dalla malapolitica. Grazie al suo lavoro gli appalti romani si svolgono nella trasparenza. Rossella Caputo nell'assessorato all'urbanistica era responsabile dei progetti di riuso della città costruita. Devo alla sua competenza e al suo entusiasmo se alla fine di agosto la proposta di riqualificazione delle periferie romane è stata interamente finanziata dal governo.

Damiano Apostolo, generale dell'arma dei carabinieri, da anni era stato posto al vertice dell'ufficio condono edilizio travolto a più riprese da scandali e arresti del personale. Dopo aver riportato la trasparenza nelle procedure, nonostante la sorda quanto immotivata ostilità da parte del dirigente apicale dell'assessorato all'urbanistica, avrebbe affrontato il modo per chiudere definitivamente la vicenda del condono. Dieci servitori dello Stato come lui e avremmo risolto metà dei problemi della macchina amministrativa comunale.

Ci sono infine le persone che hanno quotidianamente condiviso con me un lavoro gravoso. Angela Grilli e Maria Teresa Rosato all'urbanistica, per molti mesi sole e poi aiutate da Liliana Bonetti, Cinzia Ferrara e Eraldo Saccinto. Lucia Di Lorenzo e Veronica Greco ai lavori pubblici. Esempi di abnegazione e competenza. E da ultimo Annamaria Graziano, giornalista, che negli ultimi convulsi giorni della mia esperienza ha saputo districare con rara sensibilità e intelligenza una situazione difficile.

Enzo Morziello, architetto sapiente – sua la esemplare conduzione dell'auditorium di Renzo Piano – e ironico conoscitore degli abissi della palude romana, è stato il primo a conoscere la mia intenzione di scrivere questo testo e non mi ha fatto mai mancare il suo incoraggiamento.

Dino Gasparri, professore e amico fraterno di una vita, si è sobbarcato l'onere di leggere una bozza acerba del testo e i suoi consigli hanno saputo cogliere i nodi che erano rimasti in ombra.

Alberto Benzoni, mente giovane e lucida, lavora da anni sul tema della costruzione degli istituti di democrazia indispensabili a controllare l'azione di governo della città, unico modo per far tornare la linfa dell'onestà e della competenza a interessarsi del governo urbano

Giulio Tamburini, la cui cultura urbanistica ha rappresentato da decenni un sicuro alimento per la mia formazione. Negli ultimi anni abbiamo provato a costruire un'idea di città in grado di sconfiggere il degrado. Un lavoro che tornerà utile nel prossimo futuro.

Finito di stampare
nel mese di febbraio 2018
da Arti grafiche La Moderna - Roma